왜 정답인지
모두 풀이 해 주는
HSK3급
모의고사

저자의 말

많은 학생들이 중국어를 배울 때 생경한 발음과 복잡한 한자로 괴로워하며 HSK도 어려울 것이라 주저하는 경우가 많습니다. 하지만 HSK는 문제 유형이 정해져 있고, 어휘와 어법 지식에 대한 요구도 명확하기 때문에 노력하면 반드시 좋은 결과를 얻을 수 있는 시험입니다.

이에 『왜 정답인지 모두 풀이해 주는 HSK 3급 모의고사』는 최근 HSK에서 출제된 문제 유형과 어휘, 어법을 철저하게 분석하고 최신 출제 경향을 연구한 결과를 모아 HSK를 준비하는 수험생들에게 도움이 되고자 합니다. 본 교재는 HSK를 앞둔 수험생들에게 자신의 실력을 가늠하게끔 하는 동시에 실전 감각을 높일 수 있게 하는 최고의 선택이 될 것입니다.

본 교재와 함께하는 수험생 여러분의 노력에 행운까지 더해져 원하는 바를 이루길 기원합니다.

이준복

HSK의 출제 경향과 내용은 계속해서 변화하고 있지만 핵심적인 출제 의도는 변함없이 유지되고 있습니다. 그렇기 때문에 HSK를 준비하는 수험생들은 원하는 점수를 얻기 위해서는 핵심 어휘와 어법을 익히는 동시에 최신 출제 경향에 적응하는 훈련을 해야 합니다.

『왜 정답인지 모두 풀이해 주는 HSK 3급 모의고사』는 저와 이준복 선생님이 최근 HSK에 출제된 문제를 분석하고 꼭 필요한 문제만을 추려 총 3회 분량의 모의고사로 정리한 것입니다. 최신 출제 경향이 완벽하게 반영된 문제와 함께 수험생들이 틀리기 쉬운 내용을 중심으로 자세한 해설을 담았습니다.

수험생 여러분들이 이 교재를 통해 지금까지 공부한 지식을 자신의 것으로 만들고 원하는 목표를 이루길 바랍니다.

성룡(조龙)

구성과 특징

『왜 정답인지 모두 풀이해 주는 HSK 3급 모의고사』는 해설서와 문제집으로 구성되어 있으며, HSK 3급을 준비하는 학습자를 대상으로 합니다. 최신 출제 경향이 반영된 모의고사 문제와 저자 이준복·성룡 선생님의 친절한 해설이 함께합니다.

해설서

문제집

장점 1
실전 같은 문제

치밀하게 분석한 HSK 출제 경향과 난이도를 적용한 모의고사와 함께라면 3회만으로도 충분히 합격할 수 있습니다.

장점 2
수준별 문제

해설에 표시된 별의 개수는 문제의 난이도를 나타냅니다.
★★는 합격, ★★★는 고득점을 위한 문제입니다. 채점 후 본인의 수준에 맞게 복습해 보세요.

장점 3
바로 보는 해석

원문과 대조하여 원하는 해석을 한눈에 찾을 수 있고, 출제된 단어도 따로 사전을 찾을 필요 없이 바로 확인하고 바로 암기할 수 있습니다.

장점 4
전략적인 해설

정답과 오답을 모두 해설하여, '왜 정답인지' '왜 정답이 아닌지' 완벽하게 이해할 수 있습니다. 또한 답을 찾아 가는 과정을 단계별로 풀이하여 시험장에서 그대로 적용할 수 있는 전략적인 해설을 제시하였습니다.

장점 5
고득점 Tip

추가 단어와 예문으로 어휘력을 확장하고, 관련 어법까지 학습하여 고득점을 획득해 보세요.

MP3 이용 안내

모의고사 듣기(听力) 영역의 MP3 파일은 다락원 홈페이지(www.darakwon.co.kr)와 콜롬북스 APP을 통해 무료로 내려받을 수 있습니다. 스마트폰으로 QR코드를 스캔하면 MP3 다운로드 및 실시간 재생 가능한 페이지로 바로 연결됩니다.

차례

HSK 소개

HSK란, '汉语水平考试(Hànyǔ Shuǐpíng Kǎoshì)'의 한어병음 머리글자를 딴 것으로, 제1언어가 중국어가 아닌 사람을 대상으로 하는 '국제 중국어 능력 표준화 시험'입니다. 생활·학습·업무 등 실생활에서 중국어를 운용하는 능력을 평가합니다. HSK 급수는 1~6급으로 나뉘며 시험은 각 급수별로 치러집니다.

1 시험 방식

HSK 시험은 PBT 방식과 IBT 방식으로 나뉩니다. PBT와 IBT 시험의 성적은 효력이 동일합니다.

- HSK PBT(Paper-Based Test): 시험지와 OMR 답안지로 진행하는 시험
- HSK IBT(Internet-Based Test): 컴퓨터로 진행하는 시험

2 용도

- 국내외 대학(원) 및 특목고 입학·졸업 시 평가 기준
- 중국정부장학생 선발 기준
- 각급 업체 및 기관의 채용·승진을 위한 평가 기준

3 시험 접수

PBT는 인터넷, 우편, 방문 접수가 가능하고 IBT는 인터넷 접수가 가능합니다.

- 인터넷 접수: HSK한국사무국(www.hsk.or.kr) 또는 HSK시험센터(www.hsk-korea.co.kr)에서 접수
- 우편 접수: 응시 원서, 사진 2장, 응시비 입금 영수증을 동봉하여 'HSK 한국사무국'으로 등기 우편을 발송
- 방문 접수: 접수 시간에 응시 원서, 사진 3장, 응시비(현금 또는 카드 결제)를 가지고 '서울공자아카데미'에서 접수

4 시험 당일 준비물

- PBT: 수험표, 유효 신분증, 2B 연필, 지우개
- IBT: 수험표, 유효 신분증

※ 유효 신분증: 주민등록증, 운전면허증, 기간 만료 전의 여권 등(학생증, 사원증, 국민건강보험증, 주민등록등본, 공무원증 등은 불가)

5 성적 조회

- 성적 조회: PBT는 시험일로부터 1개월 후, IBT는 시험일로부터 2주 후 성적 조회 가능
- 성적표 수령: PBT와 IBT 모두 시험일로부터 45일 후 수령 가능
- 성적 유효 기간: PBT와 IBT 모두 시험일로부터 2년간 성적 유효

HSK 3급 소개

1 시험 대상

HSK 3급은 매주 2~3시간씩 3학기(120~180시간) 정도의 중국어를 학습하고 600개의 상용 어휘와 관련 어법 지식을 습득한 학습자를 대상으로 합니다.

2 시험 구성 및 시간 배분

시험은 듣기(听力), 독해(阅读), 쓰기(书写) 세 영역으로 구분되며, PBT의 경우 응시자 개인 정보 작성 시간이 추가로 5분 주어집니다.

시험 내용		문항 수	시험 시간	점수
듣기 听力	제1부분 녹음을 듣고 관련 있는 그림을 선택	10문항	약 35분	100점
	제2부분 한 단락의 녹음을 듣고 제시된 문장의 정오를 판단	10문항		
	제3부분 2문장의 대화를 듣고 질문에 알맞은 보기를 선택	10문항		
	제4부분 4~5문장의 대화를 듣고 질문에 알맞은 보기를 선택	10문항		
듣기 영역에 대한 답안 작성 시간			5분	
독해 阅读	제1부분 주어진 문장과 어울리는 보기를 선택	10문항	30분	100점
	제2부분 문장 속 빈칸에 들어갈 보기를 선택	10문항		
	제3부분 단문을 읽고 질문에 알맞은 보기를 선택	10문항		
쓰기 书写	제1부분 제시어를 나열하여 하나의 문장으로 작성	5문항	15분	100점
	제2부분 한어병음을 보고 빈칸에 알맞은 한자를 쓰기	5문항		
총계		80문항	약 85분	300점

40문항 (듣기 총), 30문항 (독해 총), 10문항 (쓰기 총)

3 시험 진행 중 주의 사항

- 듣기 시험은 두 번씩 들려줍니다.
- 듣기 시험 종료 후 듣기 시험 답안 작성 시간이 5분 주어집니다.
- 독해와 쓰기 시험은 별도의 답안 작성 시간이 주어지지 않으므로 문제 풀이 시간 내에 답안 작성을 완료해야 합니다.

4 합격 기준

- 각 영역별 만점은 100점으로, 총점이 180점 이상이면 합격입니다.
- HSK 3급에 합격한 응시자는 중국어로 일상생활, 학습, 업무 등 각 분야의 상황에서 기본적인 회화를 진행할 수 있으며, 중국 여행 시 겪는 대부분의 상황에 중국어로 대응할 수 있습니다.

HSK 답안지 작성법

1 응시자 정보 작성 방법

汉 语 水 平 考 试
HSK（三级）答题卡

응시자 정보를 기입하세요.　　　　　　　　　　　　고사장 정보를 기입하세요.

请填写考生信息　　　　　　　　　　　　**请填写考点信息**

按照考试证件上的姓名填写: 수험표상의 이름을 기입하세요.

❶ 姓名

如果有中文姓名，请填写: 중문 이름이 있으면 기입하세요.

❷ 中文姓名

❸ 考生序号

| [0] [1] [2] [3] [4] [5] [6] [7] [8] [9] |
| [0] [1] [2] [3] [4] [5] [6] [7] [8] [9] |
| [0] [1] [2] [3] [4] [5] [6] [7] [8] [9] |
| [0] [1] [2] [3] [4] [5] [6] [7] [8] [9] |
| [0] [1] [2] [3] [4] [5] [6] [7] [8] [9] |

❹ 考点代码

| [0] [1] [2] [3] [4] [5] [6] [7] [8] [9] |
| [0] [1] [2] [3] [4] [5] [6] [7] [8] [9] |
| [0] [1] [2] [3] [4] [5] [6] [7] [8] [9] |
| [0] [1] [2] [3] [4] [5] [6] [7] [8] [9] |
| [0] [1] [2] [3] [4] [5] [6] [7] [8] [9] |
| [0] [1] [2] [3] [4] [5] [6] [7] [8] [9] |
| [0] [1] [2] [3] [4] [5] [6] [7] [8] [9] |

❺ 国籍

| [0] [1] [2] [3] [4] [5] [6] [7] [8] [9] |
| [0] [1] [2] [3] [4] [5] [6] [7] [8] [9] |
| [0] [1] [2] [3] [4] [5] [6] [7] [8] [9] |

❻ 年龄

| [0] [1] [2] [3] [4] [5] [6] [7] [8] [9] |
| [0] [1] [2] [3] [4] [5] [6] [7] [8] [9] |

❼ 性别　　男　[1]　　　　女　[2]

❶ 수험표상의 이름을 기입합니다.
❷ 수험표상의 중문 이름을 기입합니다.
❸ 수험 번호를 기입하고 마킹합니다.
❹ 고사장 번호를 기입하고 마킹합니다.
❺ 국적 번호를 기입하고 마킹합니다. (한국: 523)
❻ 연령을 만 나이로 기입하고 마킹합니다.
❼ 성별에 마킹합니다.

2 답안지 작성 주의사항

- 답안지를 작성할 때는 반드시 2B 연필을 사용해야 합니다.
- 답안은 네모칸을 꽉 채워서 진하게 마킹해야 합니다.
- 시험 중간에 답안지는 교체되지 않습니다.
- 답안을 정정할 때는 지우개로 깨끗하게 지우고 답안을 새로 기입해야 합니다.

일러두기

1 이 책에 나오는 인명과 지명은 중국어 발음을 우리말로 표기했습니다.
단, 우리에게 널리 알려진 고유명사는 익숙한 발음으로 표기했습니다.

예 小李 샤오리 　　　北京 베이징 　　　长城 만리장성

2 품사는 다음과 같이 약자로 표기했습니다.

품사	약자	품사	약자	품사	약자
명사	명	형용사	형	접속사	접
고유명사	고유	부사	부	감탄사	감
동사	동	수사	수	조사	조
조동사	조동	양사	양	수량사	수량
대사	대	개사	개	성어	성

3 해설서에 제시된 단어 중 HSK 3급 필수 단어는 * 표시를 하였습니다.

제1회
모의고사 해설

一、听力 듣기

제1부분 1~10번은 녹음을 듣고 관련 있는 그림을 선택하는 문제입니다.

1 ★★

女: 我想买一条裙子，你觉得哪个漂亮？ 男: 我喜欢那件绿色的。	여: 치마를 한 벌 사려고 하는데, 어느 것이 예쁘다고 생각해? 남: 나는 그 초록색이 좋아.

买 mǎi 图 사다, 구입하다 │ 条* tiáo 窗 [가늘고 긴 것을 세는 단위] │ 裙子* qúnzi 멩 치마 │ 觉得 juéde 图 ~라고 느끼다, ~라고 여기다 │ 漂亮 piàoliang 阌 예쁘다, 아름답다 │ 喜欢 xǐhuan 图 좋아하다 │ 件 jiàn 窗 벌, 장, 건 [옷·사건 등을 세는 단위] │ 绿色* lǜsè 멩 초록색

B 키워드 '买(사다)'를 듣고 두 사람이 쇼핑을 하고 있다는 것을 알 수 있습니다. '裙子(치마)'라고 했으므로 옷을 고르고 있는 B가 정답입니다.

✦**고득점 Tip** │ 양사 条

'条'는 개수를 세는 양사로서 다음의 경우에 쓸 수 있습니다.

(1) (접히거나 구부러질 정도로) 가늘고 긴 것

两条裙子 치마 두 벌 │ 四条裤子 바지 네 벌 │ 一条腿 다리 한 쪽 │ 一条河 강 한 줄기 │ 这条路 이 길

(2) 조항·조목으로 나눌 수 있는 것

三条笔记 공책 세 줄 │ 头条新闻 첫 번째 뉴스, 헤드라인 뉴스

2 ★★

女: 医生，我需要住院吗？ 男: 不用住院，我给你开点药，马上会好的。	여: 의사 선생님, 저 입원해야 하나요? 남: 입원할 필요 없어요. 약을 좀 처방해 드릴게요. 금방 좋아질 거예요.

医生 yīshēng 명 의사 | 需要* xūyào 통 ~해야 한다, 필요하다 | 住院 zhùyuàn 통 입원하다 | 不用 búyòng 부 ~할 필요가 없다 | 给 gěi 개 ~에게 | 开药 kāi yào 약을 처방하다 | 马上* mǎshàng 부 곧, 즉시

F '医生(의사)' '住院(입원하다)' '开药(약을 처방하다)'는 모두 병원과 관련된 표현이므로 정답은 F입니다.

✦고득점 Tip

医院 yīyuàn 병원, 의원 ➡ 住院 zhùyuàn 입원하다 | 出院 chūyuàn 퇴원하다

---

3 ★★

男: 我是不是走错方向了?	남: 제가 방향을 잘못 들었나요?
女: 没有，一直往前走就到了。	여: 아니에요, 앞으로 쭉 가면 도착해요.

走 zǒu 통 가다 | 错 cuò 형 틀리다, 잘못되다 | 方向* fāngxiàng 명 방향 | 一直* yìzhí 부 곧바로, 계속 | 往 wǎng 개 ~을 향하여 | 前 qián 명 앞 | 到 dào 통 도달하다

E '方向(방향)' '往……走(~쪽으로 가다)'를 듣고 길을 찾고 있는 상황이라는 것을 알 수 있습니다. 길을 알려 주고 있는 E가 정답입니다.

---

4 ★★

男: 今天天气太热了。	남: 오늘 날씨가 너무 덥다.
女: 是啊，我现在把空调打开吧。	여: 맞아, 지금 에어컨을 좀 켤게.

今天 jīntiān 명 오늘 | 天气 tiānqì 명 날씨 | 热 rè 형 덥다 | 啊* a 조 [문장 끝에 쓰여 긍정의 어기를 나타냄] | 现在 xiànzài 명 지금, 현재 | 把* bǎ 개 ~을 | 空调* kōngtiáo 명 에어컨 | 打开 dǎkāi 통 켜다 | 吧 ba 조 [문장 끝에 쓰여 상의·제의·청유·기대·명령 등의 어기를 나타냄]

C '空调(에어컨)'를 들으면 쉽게 C를 정답으로 선택할 수 있습니다. '空调'를 모르더라도 '热(덥다)'를 통해 녹음 속 상황을 파악할 수 있습니다.

고득점 Tip | 把자문

'把'자문은 대상을 어떻게 처리하는지를 강조하는 문장 형식이며, '주어+把+목적어+동사+기타 성분'의 형식으로 씁니다. 이때 기타 성분을 반드시 써야 하며, 기타 성분으로 결과보어, 방향보어, 시량보어, 동량보어 등의 보어, 동태조사(了, 着), 간접목적어, 동사 중첩이 쓰일 수 있습니다.

他把那三本书看完了。 그는 그 책 세 권을 다 읽었다. [完: 결과보어]

小李把那些衣服拿回来。 샤오리는 그 옷들을 가져왔다. [回来: 방향보어]

请你把这件衬衫洗一下。 저 블라우스를 한번 세탁해 줘. [一下: 동량보어]

把作业做了再玩游戏。 숙제를 하고서 게임을 해. [了: 동태조사]

你把昨天的那件事告诉妈妈了吗? 너 어제 그 일을 엄마에게 말했어? [妈妈: 간접목적어]

儿子，你先把房子打扫打扫。 아들아, 우선 방을 청소 좀 해. [打扫打扫: 동사 중첩]

---

5 ★★★

男: 今天的足球比赛怎么样了?	남: 오늘 축구 경기가 어땠어?
女: 我们队赢了，大家都高兴极了。	여: 우리 팀이 이겨서 다들 아주 신났어.

足球 zúqiú 몡 축구 | 比赛* bǐsài 몡 경기, 시합 | 队 duì 몡 팀 | 赢 yíng 동 이기다 | 大家 dàjiā 몡 모두, 다들 | 高兴 gāoxìng 혱 기쁘다 | 极* jí 혱 극에 달하다, 극도의

A 사진에서 사람들이 보고 있는 것은 '足球比赛(축구 경기)'이고 손을 들어 환호하는 모습이 '高兴极了(아주 신난다)'라는 내용과 일치하므로 정답은 A입니다. '队(팀)'와 '赢(이기다)'은 HSK 4급 필수 단어이지만 다른 키워드들을 듣고서 정답을 선택할 수 있습니다.

고득점 Tip | 极了

'极了'는 형용사 뒤에서 정도보어로 쓰여 '매우'라는 의미를 나타냅니다. 비슷한 의미인 정도부사 '非常'이 형용사 앞에 쓰여야 하는 것과 달리 '极了'는 반드시 형용사 뒤에 쓰여야 함을 주의합시다.

好极了 = 非常好 매우 좋다

漂亮极了 = 非常漂亮 매우 예쁘다

饿极了 = 非常饿 매우 배고프다

---

6 ★★★

男: 喂，我刚从机场出来，你在哪儿呢?	남: 여보세요, 저 방금 공항에서 나왔어요. 당신은 어디에 있어요?
女: 我在出租车上，马上就到。	여: 택시예요. 곧 도착해요.

喂 wéi 깁 여보세요 [원래 제4성이지만 통화할 때는 제2성으로 발음하기도 함] | 刚* gāng 뷔 방금, 막 | 从 cóng 깨 ~부터 | 机场 jīchǎng 몡 공항 | 哪儿 nǎr 때 어느, 어디 | 出租车 chūzūchē 몡 택시

D '喂(여보세요)'는 전화할 때 쓰는 표현이므로 보기 중에 전화를 하고 있는 사진이 있다면 정답일 가능성이 높습니다. 더 나아가서 '我从机场出来(저 방금 공항에서 나왔어요)'라고 했으므로 사진의 배경이 공항인 D가 정답입니다.

7 ★★

| 女: 你做的这个菜真好吃，很难做吧? | 여: 당신이 만든 이 요리 정말 맛있어요. 만들기 어렵죠? |
| 男: 很简单，先放牛奶，半个小时后，再放羊肉和菜就行了。 | 남: 아주 쉬워요. 먼저 우유를 넣고, 30분 후에 양고기와 채소를 넣으면 돼요. |

菜 cài 뎽 요리, 채소 | 真 zhēn 뭐 정말, 진짜 | 好吃 hǎochī 혱 맛있다 | 难* nán 혱 ~하기 어렵다, ~하기 힘들다 | 简单* jiǎndān 혱 쉽다, 간단하다 | 先* xiān 뭐 먼저, 우선 | 放* fàng 뎽 넣다 | 牛奶 niúnǎi 뎽 우유 | 半* bàn 줷 절반, 2분의 1 | 小时 xiǎoshí 뎽 시간 | 再 zài 뭐 또, 다시 | 羊肉 yángròu 뎽 양고기

A '菜(요리)' '牛奶(우유)' '羊肉(양고기)' 등의 표현을 듣고 음식과 관련된 사진을 고를 수 있습니다. 정답은 A입니다.

고득점 Tip | 先A再B/先A然后(再)B

'先A再B' 혹은 '先A然后(再)B'의 형식은 '먼저 A하고, 그다음에 다시 B하다'라는 뜻입니다.

我们先吃饭再说吧。 우리 먼저 밥 먹고 다시 이야기합시다.

我先想想，然后再做决定。 나는 먼저 생각을 좀 해 보고, 그다음에 다시 결정하겠어.

8 ★★

| 男: 奶奶，这张照片中，左边的小孩儿就是我吗? | 남: 할머니, 이 사진에서 왼쪽의 꼬마가 저예요? |
| 女: 是啊，看你小的时候多可爱啊。 | 여: 그래, 너 어렸을 때 얼마나 귀여웠는데. |

奶奶* nǎinai 뎽 할머니 | 张* zhāng 얭 장, 개[종이나 탁자 등 넓은 면적을 가진 물건을 세는 단위] | 照片* zhàopiàn 뎽 사진 | 左边 zuǒbiān 뎽 왼쪽 | 小孩儿 xiǎoháir 뎽 꼬마, 아이 | 时候 shíhou 뎽 때 | 可爱* kě'ài 혱 귀엽다, 사랑스럽다

C 남자가 상대방을 '奶奶(할머니)'라고 불렀으므로 할머니와 손자가 등장하는 사진을 정답으로 선택해야 합니다. 더 나아가서 '这张照片(이 사진)'이라는 표현에서 두 사람이 사진을 보고 있다는 것을 알 수 있습니다. 정답은 C입니다.

女：你怎么了？身体不舒服吗？

男：别担心，只是感冒，休息两天就好了。

여: 너 왜 그래? 몸이 안 좋아?

남: 걱정하지 마. 그저 감기에 걸린 거야. 며칠 쉬면 돼.

身体 shēntǐ 명 몸 | 舒服* shūfu 형 편하다, 상쾌하다 | 别 bié 부 ~하지 마라 | 担心* dānxīn 동 걱정하다 | 感冒* gǎnmào 동 감기에 걸리다 | 休息 xiūxi 동 쉬다, 휴식하다 | 两 liǎng 주 두어, 몇몇

E 키워드는 '感冒(감기에 걸리다)'입니다. '感冒'를 듣지 못했더라도 '不舒服(불편하다)' '休息(쉬다)' 등의 표현을 듣고 남자의 몸이 좋지 않은 상황이라는 것을 알 수 있습니다. 정답은 E입니다.

✦고득점 Tip | 수사 两

'两'은 '2, 둘'이라는 뜻이지만 '두어, 몇몇'이라는 뜻으로 쓰여 부정확한 수를 나타내기도 합니다.

周末周日两天都很忙。 주말과 주일 이틀 모두 바쁘다.

过两天再说。 며칠 지나고 다시 이야기하자.

男：再见了，在那边照顾好自己。

女：好的，我一定会想你的。

남: 잘 가. 그곳에서 스스로를 잘 돌봐야 돼.

여: 알았어, 난 분명히 네가 보고 싶을 거야.

再见 zàijiàn 동 또 뵙겠습니다 | 照顾* zhàogù 동 돌보다, 보살피다 | 自己* zìjǐ 대 자기, 자신, 스스로 | 一定* yídìng 부 반드시, 꼭 | 想 xiǎng 동 보고 싶다

B '再见(잘 가)' '照顾好自己(스스로를 잘 돌보다)' '会想你的(네가 보고 싶을 거야)' 등의 표현에서 두 사람이 이별을 하고 있다는 것을 알 수 있습니다. 여자가 어딘가로 떠나고 있는 B가 정답입니다.

제2부분 11~20번은 한 단락의 녹음을 듣고 제시된 문장의 정오를 판단하는 문제입니다.

　　最近北京的天气不太好，经常刮风下雨，你要是来旅游，一定要多穿点儿。

요즘 베이징 날씨가 별로 좋지 않아요. 자주 바람이 불고 비가 내려요. 만약 여행을 오려면 반드시 (옷을) 많이 입어야 해요.

★ 这几天北京不刮风。(×)

★ 요 며칠 베이징에는 바람이 불지 않는다. (×)

最近* zuìjìn 명 최근, 요즘 | 北京 Běijīng 고유 베이징 [지명] | 经常* jīngcháng 부 늘, 항상, 자주 | 刮风* guā fēng 바람이 불다 | 下雨 xià yǔ 비가 내리다 | 旅游 lǚyóu 동 여행하다, 관광하다 | 要 yào 조동 ~해야 한다 | 穿 chuān 동 (옷을) 입다

베이징의 날씨에 대해 '经常刮风(자주 바람이 불다)'이라고 했으므로 정답은 × 입니다. 키워드 '刮风'을 제대로 들었더라도 보기에 있는 부정부사 '不'를 놓치면 정답을 맞힐 수 없으므로 늘 녹음이나 보기에 '不'가 나오는지 주의해야 합니다.

✦ 고득점 Tip | 多/少＋동사

'多'와 '少'는 동사 앞에 쓰여, 각각 '(평소보다) 많이 ~해라' '(평소보다) 조금 ~해라'라는 뜻의 명령문을 만듭니다.

学习中文，你要多听多说。 중국어를 배우려면, 많이 듣고 많이 말해야 해.

老李，你少喝一点儿。 라오리, 당신은 조금만 마셔요.

---

12 ★★

这个椅子太重了，我一个人搬不动，你能过来帮我一下吗？	이 의자는 너무 무거워서 저 혼자 옮길 수 없어요. 와서 저를 좀 도와줄 수 있어요?
★ 说话人可以一个人搬椅子。(×)	★ 화자는 혼자서 의자를 옮길 수 있다. (×)

椅子 yǐzi 명 의자 │ 重 zhòng 형 무겁다 │ 搬* bān 동 옮기다 │ 帮 bāng 동 돕다 │ 一下 yíxià 수량 한번 ~해 보다, 시험 삼아 ~하다 │ 可以 kěyǐ 조동 ~할 수 있다

가능보어의 긍정 형식은 '동사＋得＋형용사/동사'이고, 부정 형식은 '동사＋不＋형용사/동사'입니다. 녹음의 '搬不动(옮길 수 없다)'은 가능보어의 부정 형식이므로 불가능을 나타냅니다. 따라서 정답은 ×입니다.

---

13 ★★★

晚上，姐姐回到家，洗完澡就睡了。但弟弟一直玩游戏，到了12点才睡。	저녁에, 누나는 집에 돌아와서 샤워를 마치고 바로 잤다. 그런데 남동생은 계속 게임을 하다가 12시가 되어서야 잤다.
★ 姐姐比弟弟睡得早。(✓)	★ 누나가 남동생보다 일찍 잤다. (✓)

晚上 wǎnshang 명 저녁, 밤 │ 姐姐 jiějie 명 누나, 언니 │ 回家 huíjiā 동 집으로 돌아가다 │ 洗澡* xǐzǎo 동 샤워하다, 목욕하다 │ 睡 shuì 동 자다 │ 但 dàn 접 그러나, 그렇지만 │ 弟弟 dìdi 명 남동생 │ 玩 wán 동 놀다 │ 游戏* yóuxì 동 게임 │ 才* cái 부 비로소 │ 比 bǐ 개 ~에 비해, ~보다 │ 得 de 조 [동사나 형용사 뒤에서 결과나 정도를 나타내는 보어를 연결함]

누나는 샤워를 마치고 바로 잤다(就睡了)고 했고 동생은 12시가 되어서야 잤다(到了12点才睡)고 했으므로 정답은 ✓입니다. 부사 '就'는 동사 앞에 쓰여 동작이 발생한 시간이 이르거나 진행이 빠르며 순조로움을 나타내고, 반대로 부사 '才'는 동사 앞에 쓰여 동작이 발생한 시간이 늦거나 진행이 더디며 순조롭지 못함을 나타냅니다.

---

14 ★★

我家的小猫眼睛大大的，鼻子小小的，很可爱，我的女儿非常喜欢它，她们的关系特别好。	우리 집 고양이는 눈이 큼지막하고 코가 조그마해서 아주 귀여워요. 우리 딸은 그 고양이를 아주 좋아해요. 그들은 사이가 굉장히 좋아요.
★ 大熊猫非常可爱。(×)	★ 판다는 아주 귀엽다. (×)

猫 māo 명 고양이 | 眼睛 yǎnjing 명 눈 | 鼻子* bízi 명 코 | 女儿 nǚ'ér 명 딸 | 非常 fēicháng 부 대단히, 매우, 아주 | 它 tā 대 (사람 이외의 것을 가리켜) 그, 저, 이것, 저것 | 关系* guānxi 명 관계 | 特别* tèbié 부 특히, 각별히 | 熊猫* xióngmāo 명 판다

녹음에서 언급한 동물은 '小猫(고양이)'이고 제시문에서 언급한 동물은 '大熊猫(판다)'이므로 정답은 ×입니다.

✦고득점 Tip | 형용사 중첩

형용사를 중첩하면 그 정도가 강조되는 효과가 있습니다. 형용사 중첩 뒤에는 습관적으로 구조조사 '的'를 붙입니다.

他个子高高的。 그는 키가 매우 크다.

大家一起把这个教室打扫得干干净净的。 다들 함께 이 교실을 매우 깨끗하게 청소했다.

15 ★★

我现在吃得越来越多，也不怎么运动。昨天我发现最近半年胖了15斤。	저는 지금 점점 많이 먹고 운동도 별로 하지 않아요. 어제 저는 최근 반년 사이 살이 7.5kg 쪘다는 것을 알았어요.
★ 说话人最近胖了。(✓)	★ 화자는 최근에 살이 쪘다. (✓)

越* yuè 부 ~할수록 [越来越: 갈수록 ~하다] | 多 duō 형 많다 | 也 yě 부 또한, 역시 | 不怎么 bù zěnme 별로, 그다지 | 运动 yùndòng 동 운동하다 | 昨天 zuótiān 명 어제 | 发现* fāxiàn 동 발견하다, 알아차리다 | 半年 bàn nián 반년 | 胖* pàng 형 뚱뚱하다, 살찌다 | 斤 jīn 근 [약 500g]

녹음 앞부분의 '吃得越来越多(점점 많이 먹다)' '也不怎么运动(운동도 별로 하지 않다)'에서 살이 쪘다는 것을 유추할 수 있고 마지막 부분에 '胖了15斤(살이 7.5kg 쪘다)'이라고 했으므로 정답은 √입니다. 중국어에서 체중이나 물건의 무게를 표현할 때 '斤'을 씁니다. '斤'은 약 500g에 해당합니다.

16 ★★

王丽每天都很忙，除了白天上班以外，晚上回家还要照顾孩子。虽然很辛苦，但是她说她很幸福。	왕리는 매일 바빠요. 낮에 출근하는 것 외에도 저녁에는 집에 가서 아이도 돌봐야 해요. 비록 힘들지만 그녀는 행복하다고 해요.
★ 王丽现在没有工作。(×)	★ 왕리는 현재 직업이 없다. (×)

每天 měi tiān 명 매일 | 忙 máng 형 바쁘다 | 除了* chúle 접 (주로 뒤 절의 都, 也, 还 등과 호응하여) ~을 제외하고 | 白天 báitiān 명 낮, 대낮 | 上班 shàngbān 동 출근하다 | 还 hái 부 또, 더 | 孩子 háizi 명 아이 | 虽然 suīrán 접 (주로 뒤 절의 但是, 但 등과 호응하여) 비록 ~하지만 | 辛苦 xīnkǔ 형 고생스럽다, 힘들다 | 但是 dànshì 접 그러나, 그렇지만 | 幸福 xìngfú 형 행복하다 | 工作 gōngzuò 동 일하다

왕리는 낮에 출근한다(白天上班)고 했으므로 정답은 ×입니다.

17 ★★

妹妹在国外留学。奶奶和爷爷想跟妹妹联系，所以学会了用手机发语音短信。现在还会用手机在网上买东西了。

여동생은 외국에서 유학 중이에요. 할머니와 할아버지는 여동생과 연락하고 싶어서 휴대폰으로 음성메시지를 보내는 법을 배웠어요. 지금은 휴대폰으로 인터넷에서 물건도 살 수 있어요.

★ 爷爷还不会上网。(✕)

★ 할아버지는 아직 인터넷을 못하신다. (✕)

妹妹 mèimei 몡 여동생 | 国外 guówài 몡 해외 | 留学* liúxué 통 유학하다 | 爷爷* yéye 몡 할아버지 | 跟* gēn 깨 ~과 | 联系 liánxì 통 연락하다 | 所以 suǒyǐ 젭 그래서, 그런 까닭에 | 用* yòng 통 사용하다 | 手机 shǒujī 몡 휴대폰 | 发* fā 통 보내다, 발송하다 | 语音 yǔyīn 몡 음성 | 短信 duǎnxìn 몡 메시지 | 网上* wǎngshàng 몡 인터넷, 온라인 | 上网* shàngwǎng 통 인터넷을 하다

할아버지와 할머니가 여동생과 연락하기 위해 휴대폰으로 음성메시지를 보내는 법을 배웠고(学会了用手机发语音短信) 인터넷에서 물건을 살 수 있다(在网上买东西了)고도 했으므로 정답은 ✕입니다.

18 ★★★

我住的地方环境很好，离上班的公司也不远，所以我买了一辆新的自行车，这样上下班都不用坐公共汽车了。

제가 사는 곳은 환경이 좋고, 다니는 회사에서도 멀지 않아요. 그래서 저는 새 자전거를 한 대 샀어요. 이러면 출퇴근할 때 버스를 탈 필요가 없어져요.

★ 说话人的自行车是旧的。(✕)

★ 화자의 자전거는 헌것이다. (✕)

住 zhù 통 살다, 거주하다, 묵다 | 地方* dìfang 몡 장소, 곳 | 环境* huánjìng 몡 환경 | 离 lí 깨 ~에서, ~로부터 | 公司 gōngsī 몡 회사 | 远 yuǎn 혱 멀다 | 辆* liàng 양 대 [차량을 세는 단위] | 新 xīn 혱 새롭다 | 自行车* zìxíngchē 몡 자전거 | 坐 zuò 통 (교통수단을) 타다 | 公共汽车 gōnggòng qìchē 몡 버스 | 旧* jiù 혱 낡다, 오래되다

'我买了一辆新的自行车(나는 새 자전거를 한 대 샀다)'라고 했으므로 자전거는 헌것이 아님을 알 수 있습니다. 정답은 ✕입니다.

19 ★★

刚才游泳的时候，耳朵里不小心进水了，现在耳朵里很不舒服，该怎么办啊？

아까 수영할 때 귓속에 실수로 물이 들어갔는데 지금 귓속이 너무 불편해요. 어떻게 해야 되죠?

★ 说话人会游泳。(✓)

★ 화자는 수영을 할 수 있다. (✓)

刚才* gāngcái 몡 방금, 막 | 游泳 yóuyǒng 통 수영하다 | 耳朵* ěrduo 몡 귀 | 小心* xiǎoxīn 통 조심하다 | 进 jìn 통 들어가다 | 该 gāi 조통 마땅히 ~해야 한다

'刚才游泳的时候(아까 수영할 때)'라고 했으므로 화자가 수영을 할 수 있다는 것을 알 수 있습니다. 정답은 ✓입니다.

'刚才'는 '방금, 막'이라는 뜻으로 '现在, 最近, 三月, 十一点, 2024年'처럼 시점을 표현하는 시간명사입니다. 시간명사는 주어의 앞이나 뒤에서 문장 전체의 시점을 표현합니다. 또한 명사를 수식하는 관형어로도 쓸 수 있습니다.

我刚才打过电话了。= 刚才我打过电话了。 내가 아까 전화했었어.

请你把刚才的话再说一次。 방금 한 말을 다시 한번 해 주세요.

20 ★★

啤酒节快要开始了，听说这次参加的人很多，一定很有意思，我们也一起去怎么样？	맥주 축제가 곧 시작할 거야. 듣자 하니 이번에 참가하는 사람이 많다는데 분명 재미있을 거야. 우리도 같이 가는 게 어때?
★ 啤酒节已经结束了。(×)	★ 맥주 축제는 이미 끝났다. (×)

啤酒* píjiǔ 몝 맥주 │ 节* jié 몝 축제, 명절 │ 开始 kāishǐ 통 시작하다 │ 听说 tīngshuō 통 듣자 하니 ~라고 한다 │ 次 cì 얭 차례, 번 │ 参加* cānjiā 통 참가하다, 참석하다 │ 有意思 yǒu yìsi 혱 재미있다 │ 一起 yìqǐ 뷔 같이, 함께 │ 已经 yǐjīng 뷔 이미, 벌써 │ 结束* jiéshù 통 끝나다

'啤酒节快要开始了(맥주 축제가 곧 시작할 것이다)'라고 했으므로 아직 시작하지 않았음을 알 수 있습니다. 정답은 ×입니다. '快要+명사/동사/형용사+了'는 '곧 ~하다'라는 뜻으로 가까운 미래를 나타냅니다. 예를 들어 '快要周末了(곧 주말이다)' '他快要下班了(그는 곧 퇴근할 것이다)' '天快要黑了(날이 곧 어두워질 것이다)' 등으로 쓸 수 있습니다.

제3부분 21~30번은 2문장의 대화를 듣고 질문에 알맞은 보기를 선택하는 문제입니다.

21 ★★

男: 请问红海宾馆怎么走？ 女: 走到前面的红绿灯，然后往右走就到了。 问: 男的在干什么？ 　　A 开车 　　B 问路 　　C 爬山	남: 말씀 좀 여쭙겠습니다. 홍하이 호텔에 어떻게 갑니까? 여: 앞의 신호등까지 가서 오른쪽으로 가면 바로 도착합니다. 질문: 남자는 무엇을 하고 있는가? 　　A 운전한다 　　B 길을 묻는다 　　C 등산한다

宾馆 bīnguǎn 몝 호텔 │ 前面 qiánmian 몝 앞 │ 红绿灯 hónglǜdēng 몝 신호등 │ 然后* ránhòu 젭 그런 후에, 그다음에 │ 右 yòu 몝 우측, 오른쪽 │ 开车 kāichē 통 운전하다 │ 问路 wèn lù 길을 묻다 │ 爬山* pá shān 등산하다

남자가 '怎么走(어떻게 가요)'라고 묻고 여자가 구체적인 경로를 답하는 것으로 보아 남자가 길을 묻고 있다는 것을 알 수 있습니다. 정답은 B입니다. '红绿灯(신호등)'만 듣고 A '开车(운전하다)'를 고르면 함정에 빠지는 것입니다.

22 ★★

女: 刚才小猫还在房间里边呢，去哪儿了呢？

男: 别着急，我去附近找找看，不会走太远的。

问: 女的为什么着急？

　　A 找不到猫了

　　B 忘了打扫房间

　　C 男的不帮助她

여: 방금 고양이가 아직 방에 있었는데 어디 갔지?

남: 조급해하지 마. 내가 근처를 찾아 볼게. 멀리 가지 않았을 거야.

질문: 여자는 왜 조급한가?

　　A 고양이를 찾을 수 없어서

　　B 방을 청소하는 것을 잊어서

　　C 남자가 그녀를 돕지 않아서

房间 fángjiān 몡 방 ┃ 着急* zháojí 휑 조급하다, 당황하다 ┃ 附近* fùjìn 몡 부근, 근처 ┃ 找 zhǎo 통 찾다 ┃ 为什么 wèishénme 떼 왜, 어째서 ┃ 打扫* dǎsǎo 통 청소하다 ┃ 帮助 bāngzhù 통 돕다

고양이(小猫)가 '어디 갔지?(去哪儿了呢?)'라고 말하는 것에서 고양이가 없어졌다는 것을 알 수 있습니다. 남자가 '我去附近找找看(근처를 찾아 볼게)'이라고 한 것은 남자가 여자를 도와주려는 것이므로 C는 정답이 아닙니다.

고득점 Tip | 조동사 会

조동사 '会'는 추측을 나타내는데, 습관적으로 긍정의 어기조사 '的'와 함께 쓰입니다.

她一定会看的。 그녀는 분명히 볼 것이다.

你这样会感冒的。 너 이러면 감기에 걸릴 거야.

小李以后会告诉老师的。 샤오리는 나중에 선생님에게 알릴 것이다.

23 ★★★

男: 这是你的饮料瓶吗？不能放在这里。

女: 不好意思，我马上就拿走。

问: 女的接下来会做什么？

　　A 喝饮料

　　B 拿走瓶子

　　C 和男的聊天

남: 이것은 당신의 음료수 병이에요? 여기에 두면 안 돼요.

여: 죄송합니다. 금방 가져갈게요.

질문: 여자는 다음에 무엇을 할 것인가?

　　A 음료수를 마신다

　　B 병을 가져간다

　　C 남자와 이야기한다

饮料* yǐnliào 몡 음료 ┃ 瓶* píng 몡 병 ┃ 放* fàng 통 놓다 ┃ 不好意思 bù hǎoyìsi 미안합니다 ┃ 就 jiù 틘 곧, 즉시, 바로 ┃ 拿走 názǒu 통 가지고 가다 ┃ 喝 hē 통 마시다 ┃ 瓶子* píngzi 몡 병 ┃ 聊天* liáotiān 통 이야기하다, 잡담하다

음료수 병을 여기에 두면 안 된다는 남자의 말에 여자가 '马上就拿走(금방 가져갈게요)'라고 했으므로 정답은 B입니다. '饮料(음료)'만 듣고 A를 고르면 안 됩니다.

24 ★★

女: 下周就是小丽的生日了，你想送她什么？
男: 我想送她花儿，你觉得怎么样？

问: 男的想送小丽什么？

A 花
B 蛋糕
C 咖啡

여: 다음 주면 샤오리 생일이야. 그녀에게 무엇을 선물하고 싶어?
남: 나는 그녀에게 꽃을 선물하고 싶어. 어떻게 생각해?

질문: 남자는 샤오리에게 무엇을 선물하고 싶은가?

A 꽃
B 케이크
C 커피

下周 xià zhōu 명 다음 주 | 生日 shēngrì 명 생일 | 送 sòng 통 보내다, 선물하다 | 花* huā 명 꽃 | 蛋糕* dàngāo 명 케이크 | 咖啡 kāfēi 명 커피

남자는 꽃을 선물하고 싶다(我想送她花儿)고 했으므로 정답은 A입니다. 다른 보기는 언급되지 않았습니다.

---

25 ★★

男: 你在中国工作的这几年，汉语水平有很大提高吧？
女: 是啊，我还学习了很多汉字。

问: 女的去中国做什么？

A 旅游
B 留学
C 工作

남: 당신은 중국에서 근무한 요 몇 년 동안 중국어 실력이 많이 늘었죠？
여: 네, 저는 한자도 많이 공부했어요.

질문: 여자는 중국에 가서 무엇을 했는가?

A 여행
B 유학
C 근무

汉语 Hànyǔ 명 중국어 | 水平* shuǐpíng 명 수준 | 提高* tígāo 통 향상시키다, 높이다 | 汉字 Hànzì 명 한자

'你在中国工作的这几年(당신이 중국에서 근무한 요 몇 년)'에서 여자는 중국에서 근무를 했다는 것을 알 수 있습니다. 정답은 C입니다. '学习(공부하다)'만 듣고 B '留学(유학하다)'를 정답으로 선택해서는 안 됩니다.

---

26 ★★

女: 午休时间到了，我们一起去吃饭吧。
男: 你先去吧，我想先去洗手间。

问: 男的要做什么？

A 吃饭
B 搬东西
C 去洗手间

여: 점심시간이네. 우리 같이 밥 먹으러 가자.
남: 너 먼저 가. 나는 우선 화장실에 가고 싶어.

질문: 남자는 무엇을 하려고 하는가?

A 밥을 먹는다
B 물건을 옮긴다
C 화장실에 간다

午休 wǔxiū 명 점심 휴식 | 时间 shíjiān 명 시간 | 吃饭 chī fàn 밥을 먹다, 식사를 하다 | 洗手间* xǐshǒujiān 명 화장실

질문의 대상이 남자인지 여자인지 주의해야 합니다. 녹음에서 밥 먹으러 가자는 여자의 제안에 남자는 우선 화장실에 가고 싶다(我想先去洗手间)고 했으므로 정답은 C입니다. 질문이 '여자는 무엇을 하려고 하는가?'였다면 정답은 A가 될 수 있습니다.

27 ★★

男: 我想明年去北京玩儿，哪个季节去比较好呢？ 女: 春季吧，那时候晴天多，而且不冷也不热。 问: 北京的春季怎么样？ 　A 很热 　B 天气好 　C 常常下雨	남: 나는 내년에 베이징에 놀러 가고 싶어. 어느 계절에 가는 게 좋을까? 여: 봄이지. 그때는 맑은 날이 많은데다가 춥지도 덥지도 않아. 질문: 베이징의 봄은 어떠한가? 　A 덥다 　B 날씨가 좋다 　C 자주 비가 온다

明年 míngnián 몡 내년 │ 季节* jìjié 몡 계절 │ 比较* bǐjiào 뷔 비교적, 꽤 │ 春季 chūnjì 몡 봄 │ 晴 qíng 혱 (하늘이) 맑다 │ 而且* érqiě 쩝 게다가, 또한 │ 不A(也)不B bù A (yě) bù B A하지도 않고 B하지도 않다, 정도가 적당하다 │ 冷 lěng 혱 춥다 │ 常常 chángcháng 뷔 항상, 자주

베이징의 봄에 대해 여자가 '晴天多(맑은 날이 많다)' '不冷也不热(춥지도 덥지도 않다)'라고 한 데서 날씨가 좋다(天气好)는 것을 알 수 있습니다. 정답은 B입니다.

✦고득점 Tip │ 不+형용사1+(也)不+형용사2

'不+형용사1+(也)不+형용사2'의 형식에서 형용사1과 형용사2가 반의어이면 '~하지도 않고 ~하지도 않다'라는 뜻이며, 정도가 적당하다는 의미를 나타냅니다.

这个包不大不小，带起来很方便。 이 가방은 크지도 작지도 않아서, 가지고 다니기에 편하다. [크기가 적당함]

她来得正好，不早也不晚。 그녀는 딱 맞게 왔다. 이르지도 늦지도 않다. [시간이 적당함]

28 ★★★

女: 照片里站在你旁边，大眼睛，又高又瘦的人是谁？ 男: 她是我的女朋友。 问: 关于他的女朋友，下面哪个是正确的？ 　A 个子高 　B 头发短 　C 有点儿胖	여: 사진 속에 당신 옆에 서 있는, 눈이 크고, 키가 크고 마른 사람은 누구예요? 남: 그녀는 제 여자 친구예요. 질문: 그의 여자 친구에 대해 다음 중 어느 것이 옳은가? 　A 키가 크다 　B 머리카락이 짧다 　C 조금 뚱뚱하다

站* zhàn 동 서다 │ 旁边 pángbiān 몡 옆, 곁, 근처 │ 又A又B yòu A yòu B A하기도 하고 B하기도 하다 │ 高 gāo 혱 (키가) 크다, 길다 │ 瘦* shòu 혱 마르다, 야위다 │ 朋友 péngyou 몡 친구 │ 关于* guānyú 개 ~에 관하여 │ 个子* gèzi 몡 키 │ 头发* tóufa 몡 머리카락 │ 短* duǎn 혱 짧다 │ 有点儿 yǒudiǎnr 뷔 조금, 약간

남자의 여자 친구의 특징은 여자의 말에서 알 수 있습니다. '又高又瘦(키가 크고 마르다)'라고 했으므로 그의 여자 친구의 특징으로 옳은 것은 A입니다. B는 언급되지 않았습니다.

---

29 ★★★

男：我发现我们住在一个地方，<u>我在十楼</u>，你呢？ 女：是吗？<u>我就在你下面两层。</u> 问：女的住在几楼？ 　　A 二楼 　　B 八楼 　　C 十楼	남：우리가 한 건물에 살고 있다는 것을 알았어요. 저는 <u>10층에 살아요</u>. 당신은요? 여：그래요? <u>저는 당신 두 층 아래에 살아요.</u> 질문: 여자는 몇 층에 사는가? 　　A 2층 　　B 8층 　　C 10층

楼* lóu 몡 건물, 층 │ 两 liǎng 㑔 2, 둘 │ 层* céng 양 층

녹음에서 남자는 10층(十层)에 살고 여자는 남자보다 두 층 아래에 산다(我就在你下面两层)고 했으므로, 여자는 8층에 산다는 것을 알 수 있습니다. 정답은 B입니다.

---

30 ★★

女：你怎么了？哪里不舒服吗？ 男：昨天跑步时间太长了，<u>腿特别疼</u>。 问：男的哪里不舒服？ 　　A 脚 　　B 腿 　　C 鼻子	여：너 왜 그래? 어디 아프니? 남：어제 달리기를 너무 오래 해서 <u>다리가 너무 아파</u>. 질문: 남자는 어디가 아픈가? 　　A 발 　　B 다리 　　C 코

跑步 pǎobù 통 달리다 │ 长 cháng 혱 길다 │ 腿* tuǐ 몡 다리 │ 疼* téng 혱 아프다 │ 脚* jiǎo 몡 발

남자가 '腿特别疼(다리가 아주 아프다)'이라고 했으므로 정답은 B입니다. '脚(발)'와 '腿(다리)'를 혼동하지 않도록 유의해야 합니다.

제4부분 31~40번은 4~5문장의 대화를 듣고 질문에 알맞은 보기를 선택하는 문제입니다.

31 ★★★

男：小姐，请你把笔记本电脑放在这里。 女：手机也要放进去吗？ 男：是的，然后把行李箱放上来检查就行了。 女：好的，谢谢。	남：아가씨, 노트북 컴퓨터를 여기에 두세요. 여：휴대폰도 넣어야 하나요? 남：네, 그런 후에 <u>트렁크를 올려 놓고 검사하면</u> 됩니다. 여：알겠습니다. 감사합니다.

问: 他们最可能在哪里?	질문: 그들은 어디에 있을 가능성이 가장 높은가?
A 学校	A 학교
B 机场	B 공항
C 电影院	C 영화관

小姐 xiǎojiě 몡 아가씨 | 笔记本电脑* bǐjìběn diànnǎo 몡 노트북 컴퓨터 | 行李箱* xínglixiāng 몡 트렁크, 여행용 가방 | 检查* jiǎnchá 통 검사하다 | 最 zuì 뷔 가장, 제일 | 可能 kěnéng 조통 아마 ~할지도 모른다 | 学校 xuéxiào 몡 학교 | 电影院 diànyǐngyuàn 몡 영화관

녹음에서 '行李箱(트렁크)' '检查(검사하다)' 등의 표현을 보면 지금 두 사람은 공항(机场)에서 짐 검사를 하고 있을 가능성이 가장 높습니다. 정답은 B입니다. '好的'나 '是的'에서 '的'는 긍정의 어기조사로, 긍정적이고 명확한 어기를 나타냅니다. 어떤 어기조사를 쓰느냐에 따라서 문장의 어기가 달라집니다. 그 밖의 어기조사로 망설이며 불명확한 어기를 나타내는 '吧', 친근하고 편안한 어기를 나타내는 '啊' 등이 있습니다.

---

32 ★★

女: 我想买点礼物送给朋友，买点什么好呢?	여: 친구한테 줄 선물을 좀 사려고 하는데, 무엇을 좀 사면 좋을까?
男: 这边最有名的就是茶了，可以买一些。	남: 이곳에서 제일 유명한 것은 차야. 좀 살 만해.
女: 好主意，你平时都喜欢喝什么茶?	여: 좋은 생각이야. 너는 평소에 무슨 차를 마시는 것을 좋아해?
男: 花茶和绿茶都可以。	남: 꽃차와 녹차 다 괜찮아.
问: 男的觉得可以送朋友什么?	질문: 남자는 친구에게 무엇을 선물할 만하다고 생각하는가?
A 花	A 꽃
B 茶	B 차
C 照相机	C 카메라

礼物* lǐwù 몡 선물 | 有名* yǒumíng 혱 유명하다 | 茶 chá 몡 차 | 可以 kěyǐ 통 ~할 가치가 있다 혱 좋다, 괜찮다 | 主意 zhǔyi 몡 생각, 방법 | 平时 píngshí 몡 평소 | 花茶 huāchá 몡 꽃차 | 绿茶 lùchá 몡 녹차 | 照相机* zhàoxiàngjī 몡 카메라

'茶(차)' '花茶(꽃차)' '绿茶(녹차)'라는 표현을 들으면 쉽게 B를 정답으로 고를 수 있습니다. 꽃차(花茶)는 차의 한 종류이고 꽃이 아니므로 A는 정답이 아닙니다.

---

33 ★★★

男: 小美，你有男朋友吗?	남: 샤오메이, 남자 친구 있어요?
女: 有啊，我们下个月就结婚了。	여: 있어요. 저희는 다음 달이면 결혼해요.
男: 是吗? 感觉你很年轻啊，这么快就打算结婚了啊?	남: 그래요? 어린 것 같은데, 이렇게 빨리 벌써 결혼할 생각이에요?
女: 其实我和我的男朋友已经认识7年了，也不早了。	여: 사실 저와 제 남자 친구는 만난 지 벌써 7년 됐어요. 이른 것도 아니죠.

问: 关于女的, 可以知道什么?	질문: 여자에 대해서 무엇을 알 수 있는가?
A 还没结婚	A 아직 결혼하지 않았다
B 刚工作不久	B 막 취직하고 오래되지 않았다
C 没有男朋友	C 남자 친구가 없다

结婚* jiéhūn 동 결혼하다 | 感觉 gǎnjué 동 느끼다 | 年轻* niánqīng 형 젊다, 어리다 | 快 kuài 부 빨리 | 打算* dǎsuàn 동 계획하다 | 其实* qíshí 부 사실 | 认识 rènshi 동 알다 | 知道 zhīdào 동 알다 | 久* jiǔ 형 오래다

여자가 '我们下个月就结婚了(우리는 다음 달이면 결혼한다)'라고 했으므로 지금은 결혼하지 않았다는 것을 알 수 있습니다. 정답은 A입니다. '有男朋友吗?(남자 친구 있어요?)'라는 남자의 질문에 여자가 '有啊(있다)'라고 했으므로 C는 정답이 아닙니다.

✦고득점 Tip | 시량사

시간의 양을 표현하는 양사를 '시량사'라고 합니다. 시량사는 지속가능 동사 뒤에 쓰이면 '동사+了+시량사(+목적어)(+了)'의 형식으로, 지속불가능 동사 뒤에 쓰이면 '동사(+목적어)+시량사+了'의 형식으로 씁니다.

我学了三年汉语。 나는 중국어를 3년 배웠다.
小王看了半天才明白了。 샤오왕은 한참을 보고 나서야 이해했다.
我来上海三年了。 나는 상하이에 온 지 3년이 되었다.
我跟丈夫结婚快一年了。 나와 남편은 결혼한 지 곧 1년이 된다.

34 ★★

女: 你不是说要买鱼吗? 怎么买牛肉了?	여: 너는 생선을 산다고 하지 않았어? 왜 소고기를 샀어?
男: 我看超市里的牛肉很新鲜就买了。	남: 마트의 소고기가 신선한 것을 보고 샀지.
女: 那今天晚上还吃面条吗?	여: 그럼 오늘 저녁에 국수도 먹을 거야?
男: 不了, 就做点米饭吧。	남: 아니, 밥만 좀 하자.
问: 男的为什么买牛肉?	질문: 남자는 왜 소고기를 샀는가?
A 肉新鲜	A 고기가 신선해서
B 鱼卖完了	B 생선이 다 팔려서
C 超市关门了	C 마트가 문을 닫아서

鱼 yú 명 물고기, 생선 | 牛肉 niúròu 명 소고기 | 超市* chāoshì 명 슈퍼마켓, 마트 | 新鲜* xīnxiān 형 신선하다, 생생하다 | 面条 miàntiáo 명 국수 | 米饭 mǐfàn 명 쌀밥 | 卖 mài 동 팔다, 판매하다 | 关门 guānmén 동 문을 닫다

남자가 '牛肉很新鲜就买了(소고기가 신선해서 샀다)'라고 했으므로 정답은 A입니다. 남자가 마트에서 소고기를 샀다고 했으므로 C는 정답이 아니고 생선이 다 팔렸다는 언급도 하지 않았기 때문에 B도 정답이 아닙니다.

35 ★★

男：下班后，你有什么打算吗？

女：没有什么特别的事情。

男：那我们一起去打球吧，运动运动。

女：好啊，但我今天穿的是皮鞋，下班后先回家换一下鞋。

问：女的为什么要回家？

　　A 没拿手机

　　B 没带钱包

　　C 没穿运动鞋

남：퇴근 후에 당신 무슨 계획이 있어요?

여：별일 없어요.

남：그럼 우리 같이 공 치러 가요. 운동 좀 해요.

여：좋아요. 그런데 저는 오늘 구두를 신었어요. 퇴근하고 먼저 집에 가서 신발을 좀 바꿔 신을게요.

질문: 여자는 왜 집에 가려고 하는가?

　　A 휴대폰을 안 가져왔다

　　B 지갑을 안 가져왔다

　　C 운동화를 안 신었다

下班 xiàbān 图 퇴근하다 ┃ 特別* tèbié 图 특별하다 ┃ 事情 shìqing 图 일 ┃ 打球 dǎ qiú 공을 치다, 구기 운동을 하다 ┃ 皮鞋* píxié 图 구두 ┃ 换* huàn 图 교환하다, 바꾸다 ┃ 鞋 xié 图 신발 ┃ 拿* ná 图 (손에) 쥐다, 잡다, 가지다 ┃ 带* dài 图 (몸에) 지니다, 휴대하다, 챙기다 ┃ 钱包 qiánbāo 图 지갑 ┃ 运动鞋 yùndòngxié 图 운동화

운동하러 가자는 남자의 제안에 여자가 '回家换一下鞋(집에 가서 신발을 좀 바꾸다)'라고 했으므로 정답은 C입니다. '동사+一下'는 '잠깐 ~하다' '~해 보다'라는 의미를 나타내며, 동사를 중첩한 것과 마찬가지로 동작이나 행위의 지속 시간이 짧음을 나타냅니다.

36 ★★★

女：我把盘子洗一下，你从冰箱里把香蕉和西瓜拿出来吧。

男：香蕉只有两个了，我去买点儿吧。

女：那顺便再买点苹果回来吧。

男：好的，我现在就下楼。

问：男的要去干什么？

　　A 洗盘子

　　B 接朋友

　　C 买水果

여：나는 접시를 좀 씻을 테니 당신은 냉장고에서 바나나와 수박을 꺼내 와요.

남：바나나는 두 개밖에 안 남았어요. 내가 가서 좀 사올게요.

여：그럼 그 김에 사과도 좀 사 와요.

남：알겠어요. 지금 바로 내려갈게요.

질문: 남자는 무엇을 하러 가는가?

　　A 접시를 씻는다

　　B 친구를 맞이한다

　　C 과일을 산다

盘子* pánzi 图 쟁반, 접시 ┃ 洗 xǐ 图 씻다, 빨다, 세탁하다 ┃ 冰箱* bīngxiāng 图 냉장고 ┃ 香蕉* xiāngjiāo 图 바나나 ┃ 西瓜 xīguā 图 수박 ┃ 拿出来 ná chūlái 图 꺼내다 ┃ 顺便 shùnbiàn 图 ~하는 김에 ┃ 苹果 píngguǒ 图 사과 ┃ 下楼 xià lóu (아래층으로) 내려가다 ┃ 接* jiē 图 맞이하다, 마중하다 ┃ 水果 shuǐguǒ 图 과일

남자는 바나나가 두 개밖에 안 남아서 가서 좀 사온다(去买点儿)고 했고 여자가 사과도 좀 사 오라(再买点苹果回来)고 했으므로 정답은 C입니다. 접시를 씻고 있는 것은 여자이므로 A는 함정입니다. 2개 이상의 보기가 녹음에서 언급되면 질문의 대상이 무엇인지 주의해야 합니다.

男：你怎么这么着急，这是要去哪儿啊？	남：너 왜 이렇게 조급하니? 어디 가려는 거야？
女：我的信用卡丢了，我得马上去银行。	여：신용카드를 잃어버렸어. 바로 은행에 가야 해.
男：不用去银行也可以，给那边打个电话就行。	남：은행에 가지 않아도 괜찮아. 거기에 전화하면 돼.
女：没关系，银行就在这附近。	여：괜찮아. 은행은 바로 이 근처에 있어.
问：女的要去哪儿？	질문: 여자는 어디에 가려고 하는가？
A 商店	A 상점
B 银行	B 은행
C 公司	C 회사

信用卡* xìnyòngkǎ 명 신용카드 | 丢 diū 동 잃어버리다, 잃다 | 银行* yínháng 명 은행 | 打电话 dǎ diànhuà 전화를 걸다 | 商店 shāngdiàn 명 상점

여자는 신용카드를 잃어버려서 바로 은행에 가야 한다(得马上去银行)고 했으므로 정답은 B입니다.

✦**고득점 Tip** | 조동사 得

'得'가 조동사로 쓰이면 'děi'로 발음합니다. '(마땅히) ~해야 한다'라는 뜻이며 '应该, 要'와 동의어입니다.
我得走了。나는 가야 해.
要想上大学就得好好学习。대학에 진학하려면 열심히 공부해야 한다.

女：你换新冰箱了啊？在哪儿买的？	여：너 새 냉장고로 바꿨어? 어디서 샀어？
男：在网上买的，而且第二天就送到家里来了。	남：인터넷에서 샀어. 그리고 다음날에 바로 집까지 배송도 해 줬어.
女：是吗，多少钱？	여：그래? 얼마야？
男：7800元，我是中秋节的时候买的，比平时便宜500元。	남：7800위안이야. 추석 때 사서 평소보다 500위안 싸.
问：那个冰箱多少钱？	질문: 그 냉장고는 얼마인가？
A 500元	A 500위안
B 7300元	B 7300위안
C 7800元	C 7800위안

中秋节 Zhōngqiūjié 명 추석, 중추절 | 便宜 piányi 형 (값이) 싸다, 저렴하다

여자가 냉장고의 가격을 묻자 남자는 '7800元(7800위안)'이라고 답했으므로 정답은 C입니다. 질문에 따라 답이 달라질 수 있으므로 묻는 바를 정확히 파악하는 것이 중요합니다. 만일 '冰箱比平时便宜多少钱?(냉장고는 평소보다 얼마나 싼가?)'이 질문이라면 A가 정답입니다.

고득점 Tip | 비교문

'A+比+B+형용사'의 뒤에 수량사나 보어를 붙여 차이의 정도를 나타냅니다. '一点儿'이나 '一些'를 쓰면 '약간, 조금'이라는 뜻으로 차이가 작음을 나타내고, '得多'나 '多了'를 쓰면 '훨씬, 한참'이라는 뜻으로 차이가 큼을 나타냅니다. 이 외에 위 문제처럼 '500元' 등의 수량을 쓰면 정확한 차이를 나타냅니다.

她比我大一点儿。그녀는 나보다 나이가 조금 많다.

她比我大得多。그녀는 나보다 나이가 훨씬 많다.

她比我大四岁。그녀는 나보다 나이가 네 살 많다.

'A+没有+B+형용사'는 'A는 B만큼 ~하지 못하다'라는 뜻으로 '比' 비교문의 부정 형식입니다. 이때 형용사 앞에는 '这么'나 '那么'를 써서 '이만큼 ~하다, 저만큼 ~하다'라는 뜻을 나타내기도 합니다. 형용사 뒤에는 수량사나 보어를 붙일 수 없습니다.

我没有她大点儿。(×) ➡ 我没有她(那么)大。나는 그녀만큼 나이가 많지 않다.

---

39 ★★★

男：快考试了吧，复习得怎么样？	남: 곧 시험인데, 복습은 어때?
女：差不多了，就是数学比较差。	여: 거의 다 됐어. 다만 수학이 비교적 부족해.
男：有什么不懂的地方就问我吧。	남: 이해 안 되는 것이 있으면 나한테 물어봐.
女：好的，谢谢，那我更得努力了。	여: 알았어, 고마워. 그럼 더 열심히 해야겠네.
问：关于男的，可以知道什么？	질문: 남자에 대해 무엇을 알 수 있는가?
A 不想考试	A 시험을 보기 싫다
B 数学不好	B 수학을 못한다
C 要帮助女的	C 여자를 도와주려고 한다

考试 kǎoshì 图 시험을 치다 | 复习* fùxí 图 복습하다 | 差不多 chàbuduō 영 비슷하다, 큰 차이가 없다 | 数学* shùxué 명 수학 | 差* chà 图 모자라다, 부족하다 | 懂 dǒng 图 알다, 이해하다 | 问 wèn 图 묻다 | 更* gèng 분 더욱, 더 | 努力* nǔlì 图 노력하다

남자가 '有什么不懂的地方就问我吧(이해 안 되는 것이 있으면 나에게 물어봐)'라고 한 데서 여자를 도와주고 싶어 한다는 것을 알 수 있습니다. 정답은 C입니다. 남자가 도와주고 싶은 과목이 수학이기 때문에 남자는 수학을 잘한다는 것을 알 수 있습니다. 따라서 B는 정답이 아닙니다.

고득점 Tip | 구조조사 得

'得'가 구조조사로 쓰이면 'de'로 발음합니다. '동사+得+형용사'의 형식으로 쓰여 동사의 결과를 평가하고 묘사하는 정도보어의 문장을 만듭니다.

A: 他长得怎么样？ 그는 어떻게 생겼어?

B: 他长得又高又瘦。 그는 키가 크고 마르게 생겼어.

A: 你觉得，小金汉语说得怎么样？ 네 생각에 샤오진이 중국어 말하는 게 어때?

B: 他汉语说得很不错。 그는 중국어를 잘해.

40 ★★

女: 现在几点了？音乐会快开始了吧？	여: 지금 몇 시야? 콘서트가 곧 시작하지?
男: <u>差一刻八点</u>，我们现在上去吧。	남: 8시 15분 전이야. 우리 이제 올라가자.
女: 好的，我想先去洗手间。	여: 그래, 나는 먼저 화장실에 가고 싶어.
男: 那我去超市买两瓶可乐吧。	남: 그럼 난 슈퍼마켓에 가서 콜라 두 병을 살게.
问: 现在几点了？	질문: 지금 몇 시인가?
A 8点	A 8시
B 8点15分	B 8시 15분
C 7点45分	C 7시 45분

音乐会* yīnyuèhuì 명 음악회, 콘서트 | 刻* kè 양 15분 | 瓶 píng 양 병 | 可乐 kělè 명 콜라 | 分* fēn 양 분

'一刻'는 '15분'을 나타내므로 '差一刻八点'은 8시 15분 전, 즉 7시 45분을 가리킵니다. 정답은 C입니다. 7시 45분은 '七点三刻'라고도 할 수 있습니다.

✦고득점 Tip | 동사 差

'差'는 동사로 쓰이면 '모자라다, 부족하다'라는 뜻이며, 뒤에 부족한 대상이나 부족한 양을 씁니다.

就差你了。 너만 남았어.

离我二十岁还差两个月。 내가 20살 될 때까지 아직 두 달이 남았어.

我还差50块钱，你能先借钱给我吗？ 나는 아직 50위안이 부족해. 네가 우선 돈을 빌려줄 수 있어?

二、阅读 독해

제1부분 41~50번은 주어진 문장과 어울리는 보기를 선택하는 문제입니다.

41-45

A 为了健康，我更爱爬楼梯。	A 건강을 위해서 나는 계단 오르는 것을 더 좋아해.
B 李经理，有位姓宋的先生打电话找你。	B 리 팀장님, 송씨라는 분이 전화를 걸어서 팀장님을 찾습니다.
C 现在上网很方便，很多年轻人也喜欢上网点外卖。	C 지금 인터넷 하는 것이 편해. 많은 젊은이들도 인터넷으로 배달시키는 것을 좋아하지.
D 外边什么声音这么大？	D 밖에 무슨 소리가 이렇게 큰 거야?
E 当然。我们先坐公共汽车，然后换地铁。	E 당연하지. 우리는 먼저 버스를 타고 지하철로 갈아타.
F 妈妈，你买来的水果都放进冷藏室吧？	F 엄마, 사 온 과일은 다 냉장실에 넣는 거죠?

---

41 ★★

A: （ D 外边什么声音这么大？）	A: （ D 밖에 무슨 소리가 이렇게 큰 거야？）
B: 我打算出去看看，你要不要一起去？	B: 내가 나가서 한번 보려고 하는데, 너도 같이 갈래？

外边 wàibiān 몡 밖, 바깥 ｜ 声音* shēngyīn 몡 소리, 목소리 ｜ 要 yào 통 ~하려고 하다

문제의 '出去看看(나가서 한번 보다)'이라는 내용과 '外边(바깥)'이라는 내용이 잘 어울리므로 정답은 D입니다.

✦**고득점 Tip**

边* biān 쪽 ➡ 旁边 pángbiān 옆쪽 ｜ 东边 dōngbian 동쪽 ｜ 南边 nánbian 남쪽 ｜ 西边 xībian 서쪽 ｜
两边 liǎngbiān 양쪽 ｜ 一边* yìbiān 한쪽

---

42 ★★

A: （ F 妈妈，你买来的水果都放进冷藏室吧？）	A: （ F 엄마, 사 온 과일은 다 냉장실에 넣는 거죠？）
B: 香蕉不要放在冰箱里，会发黑。	B: 바나나는 냉장고에 넣지 마. 까매질 거야.

冷藏室 lěngcángshì 몡 냉장실 ｜ 发黑 fā hēi (색이) 검어지다, (날이) 컴컴해지다

'香蕉(바나나)'는 '水果(과일)'의 일종이므로 F가 어울리는 대화라는 것을 알 수 있습니다. 또한 '冷藏室(냉장실)'와 '冰箱(냉장고)'이 서로 대응되는 것으로도 F가 정답임을 알 수 있습니다. '发+형용사'는 '~하게 변하다'라는 뜻으로 '发白(하얘지다, 희게 바래다)' '发胖(뚱뚱해지다, 살찌다)' '发亮(빛나게 변하다, 밝아지다)' '发困(피곤해지다, 졸리다)'과 같이 쓸 수 있습니다.

---

43 ★★★

A: 大家都爱发电子邮件，而且越来越喜欢在网上买东西。	A: 다들 이메일 보내는 것을 좋아하고, 게다가 갈수록 인터넷에서 물건을 구매하는 것을 좋아해.
B: （ C 现在上网很方便，很多年轻人也喜欢上网点外卖。）	B: （ C 지금 인터넷 하는 것이 편해. 많은 젊은이들도 인터넷으로 배달시키는 것을 좋아하지. ）

电子邮件* diànzǐ yóujiàn 몡 전자 우편, 이메일 ｜ 方便* fāngbiàn 휑 편리하다 ｜ 点 diǎn 통 (음식을) 주문하다 ｜ 外卖 wàimài 몡 배달 음식, 포장 음식

'电子邮件(이메일)' '在网上(인터넷에서)' 등의 표현을 보면 인터넷에 관한 이야기를 하고 있으므로 C가 문맥상 적합합니다. '上网'의 '网'은 원래 '그물, (스포츠의) 네트'라는 뜻이지만 최근에는 인터넷을 가리키는 경우가 많습니다.

---

44 ★★★

A: 他住在三楼，你怎么不坐电梯？	A: 걔는 3층에 사는데, 너는 왜 엘리베이터를 안 타？
B: （ A 为了健康，我更爱爬楼梯。）	B: （ A 건강을 위해서 나는 계단 오르는 것을 더 좋아해. ）

电梯* diàntī 몡 엘리베이터 ｜ 为了* wèile 깨 ~을 위하여 ｜ 健康* jiànkāng 휑 건강하다 ｜ 爬 pá 통 기다, 오르다 ｜ 楼梯 lóutī 몡 (건물의) 계단, 층계

'电梯(엘리베이터)'에서 '电'은 '전기', '梯'는 '계단, 사다리'를 뜻합니다. 따라서 '楼梯'는 '(건물의 위층과 아래층을 연결하는) 계단'을 뜻합니다. '电梯'는 동사로 '坐(타다)'를 쓰고 '楼梯'는 동사로 '爬, 上(오르다)' 또는 '下(내려가다)'를 씁니다.

45 ★★

A: (B 李经理，有位姓宋的先生打电话找你。)	A: (B 리 팀장님, 송씨라는 분이 전화를 걸어서 팀장님을 찾습니다.)
B: 你先告诉他，我马上给他打回去。	B: 일단 그분에게 제가 바로 전화하겠다고 알리세요.

经理* jīnglǐ 명 부서장, 팀장, 부장, 매니저 | 位* wèi 양 분, 명 [사람을 높여 세는 단위] | 宋 Sòng 고유 송 [성씨] | 先生 xiānsheng 명 선생 [성인 남자에 대한 존칭] | 告诉 gàosu 통 알리다 | 打回去 dǎ huíqù (걸려 온 전화에 답하여) 전화하다

B의 '打电话(전화를 걸다)'와 문제의 '打回去(걸려 온 전화에 답하여 전화하다)'가 서로 대응하기 때문에 B가 정답입니다.

★고득점 Tip | 经理와 总经理

'经理'는 '경리'가 아니라 '부서장, 팀장, 부장, 매니저' 등의 중간관리자를 말합니다. 한편 '总经理'는 '사장, 총매니저, 실장' 등의 뜻으로 '王总, 张总, 李总'과 같이 성씨 뒤에 '总'만 붙여 말하기도 합니다.

王总，张经理已在门外很长时间了。 왕 사장님, 장 팀장이 문밖에 한참 있었습니다.

46-50

A 外面又刮风又下雨，不会影响今天的运动会吗？	A 밖에 바람도 불고 비도 오는데, 오늘 운동회에 지장을 주지 않을까요?
B 我的汉语成绩以前很差。	B 나의 중국어 성적은 예전에 아주 엉망이었다.
C 不好意思，机场有点儿小问题，请坐着等一下。	C 죄송합니다. 공항에 작은 문제가 있어서요. 앉아서 잠시 기다려 주세요.
D 谢谢你的关心，身体好多了，已经出院了。	D 신경 써 주셔서 감사해요. 몸은 많이 좋아져서 이미 퇴원했어요.
E 行李太多了，有三个大箱呢。	E 짐이 너무 많아. 큰 트렁크가 세 개 있어.

46 ★★

A: 飞机为什么还没有起飞？	A: 비행기가 왜 아직도 이륙을 안 했죠?
B: (C 不好意思，机场有点儿小问题，请坐着等一下。)	B: (C 죄송합니다. 공항에 작은 문제가 있어서요. 앉아서 잠시 기다려 주세요.)

飞机 fēijī 명 비행기 | 起飞* qǐfēi 통 (비행기·로켓 등이) 이륙하다 | 问题 wèntí 명 문제 | 坐 zuò 통 앉다 | 着 zhe 조 ~한 채로 | 等 děng 통 기다리다

문제의 '飞机(비행기)' '起飞(이륙하다)'와 C의 '机场(공항)'이 서로 연관된 표현이므로 정답은 C입니다.

47 ★★

（ B 我的汉语成绩以前很差。）因为有老师的帮助，我的水平有了很大的提高。	（ B 나의 중국어 성적은 예전에 아주 엉망이었다. ）선생님의 도움이 있었기 때문에 나의 수준이 많이 향상되었다.

成绩* chéngjì 명 성적 ｜ 差* chà 형 나쁘다, 엉망이다 ｜ 因为 yīnwèi 접 (주로 뒤 절의 所以 등과 호응하여) 왜냐하면 ｜ 提高* tígāo 명 향상

B의 '成绩(성적)'와 문제의 '水平(수준)'이 서로 연관된 표현이므로 정답은 B입니다. '成绩'와 '水平' 모두 학문의 성취도를 표현할 수 있는 HSK 3급 필수 단어입니다. HSK 3급 독해 제1부분은 대부분 대화의 형식으로 연결되지만, 이 문제처럼 하나의 글인 경우도 한두 문제 출제됩니다.

48 ★★

（ D 谢谢你的关心，身体好多了，已经出院了。）但还要请几天假，下星期一才能上班。	（ D 신경 써 주셔서 감사해요. 몸은 많이 좋아져서 이미 퇴원했어요. ）하지만 아직도 휴가를 며칠 내야 해요. 다음 주 월요일에나 출근할 수 있어요.

关心* guānxīn 명 관심 ｜ 出院 chūyuàn 동 퇴원하다 ｜ 请假* qǐngjià 동 휴가·조퇴·결석 등을 신청하다

'身体'는 '몸' 외에 '건강'이라는 뜻도 있습니다. '出院(퇴원하다)'은 동사 '出(나가다)'와 명사 '医院(병원)'의 '院'이 합쳐진 단어입니다. '但(그러나)'은 '但是'의 줄임말로, 자주 쓰이는 역접의 접속사입니다. '请假(휴가를 신청하다)'와 '下星期一才能上班(다음 주 월요일에나 출근할 수 있다)'이라는 내용으로 보아 D가 정답으로 적절합니다.

✦ 고득점 Tip ｜ 형용사+多了

'형용사+多了'는 '많이 ~해졌다'라는 뜻으로, 큰 변화를 나타냅니다. 작은 변화는 '형용사+一点儿了'로 표현합니다.
天气冷多了。 날씨가 많이 추워졌다.
天气冷一点儿了。 날씨가 조금 추워졌다.
他比以前认真多了。 그는 전보다 많이 성실해졌다.
他比以前认真一点儿了。 그는 전보다 조금 성실해졌다.

49 ★★

A: （ A 外面又刮风又下雨，不会影响今天的运动会吗？ ） B: 我也担心呢，希望天气可以转晴。	A: （ A 밖에 바람도 불고 비도 오는데, 오늘 운동회에 지장을 주지 않을까요? ） B: 저도 걱정하고 있어요. 날씨가 개기를 바라요.

影响* yǐngxiǎng 동 영향을 주다, 지장을 주다 ｜ 运动会 yùndònghuì 명 운동회, (스포츠) 대회 ｜ 希望 xīwàng 동 바라다, 희망하다 ｜ 转 zhuǎn 동 전환하다, 바꾸다

A의 '刮风(바람이 불다)' '下雨(비가 오다)'와 문제의 '天气(날씨)' '晴(하늘이 맑다)'은 모두 날씨와 연관된 표현이므로 정답은 A입니다. 동사 '影响(영향을 주다)'은 대부분 나쁜 영향을 준다는 것을 가리키며, '지장을 주다, 방해하다'로 해석될 수 있습니다. 예를 들어 '我这样做也不会影响到别人的。(내가 이렇게 해도 남에게 피해를 주지는 않는다.)' '不要影响运动员的注意力。(선수들의 집중력에 지장을 주지 마라.)'와 같이 씁니다.

A: (E 行李太多了，有三个大箱呢。)	A: (E 짐이 너무 많아. 큰 트렁크가 세 개 있어.)
B: 请司机先生帮忙拿一下。	B: 기사님에게 좀 들어 달라고 부탁해.

行李* xíngli 명 짐 | 箱 xiāng 명 트렁크, 상자 | 司机* sījī 명 기사, 운전사 | 帮忙* bāngmáng 동 돕다

기사에게 무엇인가를 들어 달라고 부탁하려는 상황이므로 짐이 많다(行李太多了)는 것을 유추할 수 있습니다. 정답은 E입니다. '大箱'은 '大旅行箱'의 줄임말로 '큰 여행용 트렁크'를 뜻합니다.

제2부분 51~60번은 문장 속 빈칸에 들어갈 보기를 선택하는 문제입니다.

51 - 55

A 习惯* xíguàn 동 습관이 되다, 익숙하다	B 中间* zhōngjiān 명 중간, 사이
C 忘记* wàngjì 동 잊어버리다	D 终于* zhōngyú 부 마침내, 결국, 끝내
E 声音* shēngyīn 명 소리, 목소리	F 比较* bǐjiào 명 비교

每天晚上运动时，我（ A 习惯 ）边听音乐边用跑步机。	매일 저녁 운동할 때, 나는 음악을 들으면서 러닝머신을 사용하는 것이 (A 익숙해).

边A边B biān A biān B A하면서 B하다 | 音乐* yīnyuè 명 음악 | 跑步机 pǎobùjī 러닝머신

'习惯'은 명사 '습관' 혹은 '풍속'이라는 뜻도 있지만, '习惯+동사'의 형식으로 쓰여 '~하는 것이 익숙하다'라는 뜻을 나타내기도 합니다. 예를 들어 '习惯住在这儿.(이곳에 사는 것이 익숙하다.)' '习惯一个人吃饭.(혼자 밥 먹는 것이 익숙하다.)'과 같이 씁니다.

✦고득점 Tip | 一边A一边B

HSK 3급 필수 단어 '一边'은 '一边A一边B'의 형식으로 쓰여 '(한편으로) A하면서 (다른 한편으로) B하다'라는 뜻을 나타냅니다. '一'를 생략하고 '边A边B'로 쓸 수도 있습니다.
他一边做菜一边听音乐。 그는 요리를 하면서 음악을 듣는다.
我们一边喝茶一边聊天吧。 우리 차 마시면서 수다 떨자.

别和别人做（ F 比较 ）了，要相信自己的选择。	다른 사람과 (F 비교)하지 마. 자신의 선택을 믿어야 해.

别人* biérén 대 남, 타인 | 相信* xiāngxìn 동 믿다, 신뢰하다 | 选择* xuǎnzé 명 선택

'比较'는 부사 '비교적'이라는 뜻도 있지만, 동사 '비교하다', 동명사 '비교'라는 뜻도 있습니다. '做+동명사'는 '~하다'라는 뜻입니다. 예를 들어 '做工作(일하다)' '做复习(복습하다)'와 같이 씁니다.

53 ★★★

长时间的努力（ D 终于 ）让他有了机会。	오랜 시간의 노력이 (D 마침내) 그로 하여금 기회를 갖도록 했다.
努力* nǔlì 몝 노력 ｜ 让 ràng 통 ~하게 하다, ~하도록 시키다 ｜ 机会* jīhuì 몝 기회	

주어인 '努力(노력)'와 술어인 '让(~하게 하다)' 사이에는 술어를 수식하는 표현이 올 수 있는데, 그중 가장 대표적인 것은 부사입니다. '终于(마침내)'는 오랜 시간이나 여러 번의 시도 끝에 원하던 결과가 나올 때 쓰는 부사입니다.

54 ★★

心里一着急，我就（ C 忘记 ）要说什么了。	마음이 조급해지자마자 나는 무엇을 말해야 하는지 (C 잊어버렸다).
一A就B yī A jiù B A하자마자 B하다	

마음이 조급한 상황에서 일어날 수 있는 것은 무엇을 말해야 하는지 잊어버리는(忘记) 것입니다. '忘记'는 '我忘记了他的生日。(나는 그의 생일을 잊었다.)'처럼 명사 목적어뿐만 아니라 '我忘记了他叫什么名字。(나는 그의 이름이 무엇인지 잊었다.)'처럼 문장 목적어를 쓰는 경우가 많습니다.

55 ★★

你们四个人（ B 中间 ）谁最大？	너희 네 명 (B 가운데) 누가 제일 나이가 많아?

범위를 한정 지을 때는 '中间(중간, 가운데)'을 써야 합니다.

✦고득점 **Tip** ｜ 명사 中间

'中间(중간)'은 공간, 시간, 범위, 과정 등의 중간을 말합니다.

你站在这中间吧。너는 이 가운데에 서라. [공간]

上课中间休息十分钟。수업 중간에 10분 쉰다. [시간]

那些树中间有半数是苹果树。그 나무들 가운데 절반은 사과나무이다. [범위]

从学校坐公共汽车回家，中间要换一次车。
학교에서 버스를 타고 집에 가면, 중간에 차를 한 번 갈아타야 한다. [과정]

56-60

A 应该* yīnggāi 조통 마땅히 ~해야 한다　　B 节目* jiémù 몝 프로그램

C 需要* xūyào 통 ~해야 한다, 필요하다　　D 爱好* àihào 몝 취미

E 自己* zìjǐ 때 자기, 자신, 스스로　　F 简单* jiǎndān 혱 쉽다, 간단하다

A: 你怎么不跟他们一起去旅游?	A: 너는 왜 그 사람들과 같이 여행을 가지 않았어?
B: 我的数学作业（ C 需要 ）今天内完成。	B: 내 수학 숙제를 오늘 안에 완성（ C 해야 해 ）.

作业* zuòyè 명 숙제, 과제 ｜ 完成* wánchéng 통 완성하다, 끝내다

'需要'는 동사로 '필요하다' 혹은 동명사로 '요구'라는 뜻입니다. 보기 중에서 '今天内完成(오늘 안에 완성하다)'이라는 문장 목적어와 함께 쓸 수 있는 동사는 '需要'뿐입니다. '需要'는 '我需要你的帮助。(나는 너의 도움이 필요해.)'처럼 명사 목적어를 취할 수도 있습니다. 나머지 보기는 형용사나 명사로, 목적어를 쓸 수 없습니다.

A: 门（ E 自己 ）关上了，怎么办?	A: 문이（ E 스스로 ）닫혔어. 어떻게 하지?
B: 只能等妈妈回来开门。	B: 엄마가 돌아오셔서 문을 열어 주실 것을 기다리는 수밖에 없어.

门 mén 명 문 ｜ 关* guān 통 닫다 ｜ 只能 zhǐ néng ~할 수밖에 없다 ｜ 开门 kāimén 통 문을 열다

'自己'는 명사로 '자기, 자신'이라는 뜻이지만 술어 앞에서 '스스로, 자기가, 저절로'라는 뜻으로도 많이 쓰입니다. 예를 들어 '我自己做了。(내가 스스로 했다.)' '点灯自己开了。(전등이 저절로 켜졌다.)'와 같이 씁니다.

A: 今天晚上有什么好看的（ B 节目 ）?	A: 오늘 밤에 무슨 재미있는（ B 프로그램 ）이 있어?
B: 没什么，还是早点儿睡吧。	B: 별거 없어. 일찍 자는 게 좋겠어.

好看 hǎokàn 형 재미있다, 보기 좋다 ｜ 还是* háishi 부 그래도 ~하는 게 낫다

'的' 뒤에는 대부분 명사가 쓰입니다. 보기 중 명사는 B '节目(프로그램)', C '需要(요구, 니즈)', E '自己(자기)'인데 맥락상 '好看(재미있다)'의 수식을 받을 수 있는 것은 '节目'뿐입니다. 부사 '还是'는 '여전히'라는 뜻도 있지만, 이 문제에서처럼 '그래도 ~하는 게 낫다'라는 뜻으로 쓰여, 선택과 권유의 의미를 나타내기도 합니다.

A: 帮我拿一双筷子，好不好?	A: 나에게 젓가락 한 벌을 가져다줄래?
B: 没问题，（ A 应该 ）的。	B: 문제없어，（ A 당연하지 ）.

帮 bāng 통 돕다

'帮我+동사'는 '나를 도와서 ~하다'라는 뜻으로 다른 사람에게 요청할 때 씁니다. 또 '好不好?' '好吗?' '可不可以?' '可以吗?' 등도 동의를 구하는 표현으로 다른 사람에게 요청할 때 자주 쓰는 표현입니다. 요청에 대한 대답으로 '好' '可以' 외에 '应该的(당연하지)'도 쓸 수 있습니다. 따라서 A의 부탁에 대해 B가 '没问题(문제없어)'라고 긍정적인 대답을 했으므로, 빈칸에는 '应该'가 맥락상 가장 적절합니다.

60 ★★★

A: 你觉得难不难?	A: 너는 어렵다고 생각하니?
B: 看起来（ F 简单 ），但做起来很难。	B: 보기에는（ F 쉬워 ）. 하지만 해 보면 어려워.

难* nán 형 어렵다, 힘들다 ┃ 起来* qǐlái 동 (다른 동사와 형용사 사이에 쓰여) ~하기에 ~하다

'简单'은 '간단하다'라는 뜻이지만, '难(어렵다)'의 반의어인 '쉽다'라는 뜻으로 쓰는 경우가 많습니다. '看起来+형용사, 동사+起来+형용사' 형식에서 앞 절과 뒤 절의 내용은 반대되는 경우가 많습니다. 예를 들어 '看起来很好吃，吃起来很难吃.(맛있어 보이지만, 먹어 보면 맛없다.)' '今天的作业看起来很多，其实写起来不是很多.(오늘 숙제는 많아 보이지만, 사실 해 보면 많은 것은 아니다.)'와 같이 씁니다.

제3부분 61~70번은 단문을 읽고 질문에 알맞은 보기를 선택하는 문제입니다.

61 ★★

下周一是中秋节，我打算自己开车去河南，那儿有一个好久没见面的大学同学，他请我到他家玩。	다음 주 월요일은 추석이다. 나는 스스로 차를 몰고 허난에 갈 계획이다. 거기에 오랫동안 만나지 못한 대학 동창이 한 명 있는데, 그가 집에 놀러 오라고 나를 초대했다.
★ 他打算下周: 　A 坐火车 　B 离开河南 　C 去看朋友	★ 그는 다음 주에 계획하기를: 　A 기차를 탄다 　B 허난을 떠난다 　C 친구를 보러 간다

河南 Hénán 고유 허난성 [지명] ┃ 好久没 hǎojiǔ méi 오랫동안 ~하지 않다 ┃ 见面* jiànmiàn 동 만나다 ┃ 火车 huǒchē 명 기차 ┃ 离开* líkāi 동 떠나다, 벗어나다

지문 속 '同学(학교 친구, 동창)'는 '朋友(친구)'와 의미가 통하므로 C가 정답입니다. '自己开车(스스로 차를 몰다)'라고 했으므로 A는 정답이 아니고, '去河南(허난성에 가다)'이라고 했으므로 B도 정답이 아닙니다.

✦고득점 Tip ┃ 중국의 4대 국경일

HSK 3급 필수 단어 '节日'는 '명절, 국경일'이라는 뜻으로, 전통적인 명절과 현대적인 기념일을 포함합니다. 중국의 '四大节日(4대 국경일)'는 다음과 같습니다.

春节 Chūnjié 음력 설, 춘절 [음력 1월 1일]	劳动节 Láodòngjié 노동절 [양력 5월 1일]
中秋节 Zhōngqiūjié 추석, 중추절 [음력 8월 15일]	国庆节 Guóqìngjié 건국기념일 [양력 10월 1일]

我跟哥哥不但长得很像，而且个子又一样高，从后面看我，很多人认为是我哥哥。

나와 형은 생긴 게 닮았을 뿐만 아니라 키도 똑같다. 나를 뒤에서 보면 많은 사람들이 우리 형이라고 생각한다.

★ 他和哥哥：

A 个子很高

B 都很好看

C 看起来很像

★ 그와 형은：

A 키가 크다

B 모두 잘생겼다

C 보기에 닮았다

不但* búdàn 젭 (주로 뒤 절의 而且, 也 등과 호응하여) ~뿐만 아니라 │ 长* zhǎng 툉 생기다 │ 像* xiàng 툉 같다, 비슷하다, 닮다 │ 又* yòu 뮈 또, 다시, 거듭 │ 一样* yíyàng 혱 같다 │ 认为* rènwéi 툉 여기다, 생각하다 │ 好看 hǎokàn 혱 예쁘다, 보기 좋다

'长得很像(생긴 게 닮았다)'이라고 했지 잘생겼다는 말은 없으므로 B는 정답이 아닙니다. '个子又一样高'는 키가 같다는 뜻이기 때문에 그와 그의 형이 키가 큰지 작은지는 알 수 없으므로 A도 정답이 아닙니다.

我妹妹最近每个周末都做运动，这可能和她的新男朋友有关系。他是游泳运动员。他们经常在游泳馆见面，一起运动以后，去喝咖啡吃饭，或者看电影等等。

내 여동생은 요즘 주말마다 운동을 한다. 이것은 아마도 여동생의 새 남자 친구와 관계가 있을 것이다. 그 사람은 수영 선수인데, 그들은 자주 수영장에서 만나서 함께 운동을 한 후, 커피를 마시고 밥을 먹으러 가거나 영화를 보거나 등등을 한다.

★ 她妹妹最近：

A 天天游泳

B 有了男朋友

C 不爱运动了

★ 그녀의 여동생은 요즘：

A 날마다 수영한다

B 남자 친구가 생겼다

C 운동을 싫어하게 됐다

每 měi 떼 매, 모든 │ 周末* zhōumò 몡 주말 │ 运动员 yùndòngyuán 몡 운동선수 │ 游泳馆 yóuyǒngguǎn 몡 수영장 │ 以后 yǐhòu 몡 이후 │ 或者* huòzhě 젭 혹은, 또는 │ 电影 diànyǐng 몡 영화 │ 等 děng 죄 등

'她的新男朋友(여동생의 새 남자 친구)'라고 했기 때문에 여동생에게 새로 남자 친구가 생겼다는 것을 알 수 있습니다. 따라서 정답은 B입니다. '每个周末(주말마다)'라고 했기 때문에 A는 답이 아닙니다.

✦고득점 **Tip**

游泳馆 yóuyǒngguǎn 수영장 ➡ 宾馆 bīnguǎn 호텔 │ 图书馆* túshūguǎn 도서관 │ 体育馆 tǐyùguǎn 체육관 │ 大使馆 dàshǐguǎn 대사관 │ 文化馆 wénhuàguǎn 문화관

64 ★★★

不要让自己爱上自己的床，这只会让你变胖。想想，如果不在床上，你会做什么呢？你可能在读书，也可能在锻炼身体或者出去见朋友，这些都比在床上花时间好得多。

자신이 침대를 사랑하게 하지 마라. 이것은 당신을 뚱뚱하게 할 뿐이다. 만약 침대에 있지 않다면 당신이 무엇을 할지 생각해 봐라. 아마도 공부를 하거나, 몸을 단련하거나 친구를 만나러 나갈 것이다. 이런 것들은 침대에서 시간을 쓰는 것보다 훨씬 낫다.

★ 这段话主要想告诉我们，不应让自己：

A 爱玩电脑

B 总是在床上

C 长时间读书

★ 이 이야기가 우리에게 하지 말라고 하는 것은:

A 컴퓨터로 놀기 좋아하는 것

B 늘 침대에 있는 것

C 오랜 시간 독서를 하는 것

只* zhǐ 囝 단지, 다만 ｜ 变* biàn 됭 변하다, 바뀌다 ｜ 如果* rúguǒ 젭 (주로 뒤 절의 那么, 就 등과 호응하여) 만약 ~하면, 만일 ~하면 ｜ 锻炼* duànliàn 됭 (몸·마음 등을) 단련하다 ｜ 花* huā 됭 (돈이나 시간 등을) 쓰다 ｜ 段* duàn 얭 [말·글·거리·시간 등을 세는 단위] ｜ 主要* zhǔyào 혱 주요하다 ｜ 应 yīng 조됭 마땅히 ~해야 한다 [=应该] ｜ 电脑 diànnǎo 몡 컴퓨터 ｜ 总是* zǒngshì 囝 늘, 줄곧, 언제나

'不要让自己爱上自己的床(자신이 침대를 사랑하게 하지 마라)'이라고 직접적으로 정답이 제시되었습니다. '这些都比在床上花时间好得多(이런 것들은 침대에서 시간을 쓰는 것보다 훨씬 낫다)'에서도 침대에서 시간을 쓰는 것을 부정적으로 평가한다는 것을 알 수 있습니다. 따라서 정답은 B입니다.

65 ★★

我妻子最大的爱好就是旅游。结婚前，她去过很多国家，结婚后，也喜欢跟我一起去旅游。有人说："下一个要去的地方是世界上最漂亮的。"，她也这么认为。

아내의 가장 큰 취미는 여행이다. 결혼 전에 그녀는 많은 나라에 가 봤다. 결혼하고 나서도 나와 함께 여행 가는 것을 좋아한다. "다음에 가려는 곳이 세상에서 가장 아름다운 곳이다."라는 말이 있는데 그녀도 이렇게 생각한다.

★ 他妻子：

A 长得很漂亮

B 打算出国留学

C 去过很多地方

★ 그의 아내는:

A 예쁘게 생겼다

B 외국에 유학을 갈 계획이다

C 많은 곳에 가 봤다

妻子 qīzi 몡 아내 ｜ 过 guo 조 ~한 적이 있다 ｜ 国家* guójiā 몡 나라, 국가 ｜ 世界* shìjiè 몡 세계, 세상

그의 아내는 가장 큰 취미가 여행(最大的爱好就是旅游)이고 결혼 전에 많은 나라를 가 봤기(结婚前，她去过很多国家) 때문에 정답은 C입니다. 외모나 유학에 대한 이야기는 지문에 전혀 언급되지 않았습니다.

小张，别跟朋友聊天了。你站起来大声读一下，我在黑板上写的。

샤오장, 친구와 수다는 그만 떨고, 일어서서 내가 칠판에 쓴 것을 큰 소리로 읽어 봐라.

★ 说话人可能是:

A 老师

B 客人

C 邻居

★ 화자는 아마도:

A 선생님

B 손님

C 이웃

黑板* hēibǎn 圐 칠판 │ 写 xiě 통 쓰다 │ 客人* kèrén 圐 손님 │ 邻居* línjū 圐 이웃집, 이웃 사람

'朋友(친구)' '黑板(칠판)' 등의 표현으로 보아 배경이 학교일 가능성이 가장 크고, 샤오장에게 친구와 수다 떨지 말라고 나무라고, 쓴 것을 읽어 보라고 지시할 수 있는 사람은 선생님(老师)일 가능성이 가장 큽니다. 따라서 정답은 A입니다.

从地铁站出来后，先向北走，在路口再往西走一点儿就到了，在那儿能看见一个绿色的楼，那就是我新搬进的家。在楼下面包店等你。

지하철역에서 나온 다음, 먼저 북쪽으로 걷다가, 교차로에서 다시 서쪽으로 조금 가면 바로 도착해. 그곳에 녹색 건물이 하나 보이는데, 그게 내가 새로 이사 온 집이야. 건물 아래 빵집에서 널 기다릴게.

★ 他最近做了什么?

A 搬家

B 坐地铁

C 开始上班

★ 그는 최근에 무엇을 했는가?

A 이사했다

B 지하철을 탔다

C 출근하기 시작했다

地铁* dìtiě 圐 지하철 │ 站* zhàn 圐 역, 정류장 │ 向* xiàng 깨 ~쪽으로, ~을 향하여 │ 北 běi 圐 북쪽 │ 路口 lùkǒu 圐 교차로 │ 西* xī 圐 서쪽 │ 搬* bān 통 이사하다 │ 楼下 lóu xià 건물 아래, 건물 앞 │ 面包* miànbāo 圐 빵 │ 店 diàn 圐 가게 │ 搬家 bānjiā 통 이사하다

동사 '搬'은 '(무거운 물건을) 옮기다'라는 뜻이지만 '搬家(이사하다)'의 줄임말로 쓰는 경우가 많습니다. 따라서 정답은 A입니다. 한편 지하철로 이동하는 사람은 화자가 아니라 청자이기 때문에 B는 정답이 아닙니다.

✦ 고득점 Tip

口* kǒu 입, 입구 ➡ 路口 lùkǒu 길의 입구, 교차로 │ 十字路口 shízì lùkǒu 사거리 │ 门口 ménkǒu 입구, 현관 │ 电梯口 diàntīkǒu 엘리베이터 입구 │ 河口 hékǒu 강의 입구, 하구

68 ★★

今天上班时，我看见那家咖啡店现在"买一送一"，买一杯咖啡就送一杯，我就买咖啡了。我喝一杯，一杯就给了老李。

★ 老李可能是：

A 同学

B 同事

C 不认识的人

오늘 출근할 때, 나는 그 카페가 지금 '원 플러스 원(1+1)'으로 커피 한 잔을 사면 한 잔을 주는 걸 보고, 커피를 샀다. 내가 한 잔 마시고 한 잔은 라오리에게 줬다.

★ 라오리는 아마도：

A 학교 친구

B 동료

C 모르는 사람

家 jiā 양 [집·점포·공장 등을 세는 단위] | 买一送一 mǎi yī sòng yī 원 플러스 원(1+1) | 杯 bēi 양 잔, 컵 | 同事* tóngshì 명 동료

출근할 때(上班时) 산 커피를 라오리에게 주었으므로, 라오리는 동료일 가능성이 가장 높습니다. 사람의 성씨 앞에 '老'나 '小'를 붙이는 것은 친한 사이에서의 호칭이므로 C '不认识的人(모르는 사람)'은 정답이 아닙니다.

69 ★★★

张阿姨是南方人，她说这儿的冬天真的太冷了，她在这儿住了5年，还是不太习惯这儿的天气。但从小到大都没离开过东北的我觉得，这儿的天气真的很好。

★ 他：

A 是南方人

B 不喜欢冬天

C 不同意张阿姨

장씨 아주머니는 남부 사람이다. 아주머니는 이곳의 겨울은 정말 너무 춥고, 여기서 5년을 살았는데 아직도 이곳의 날씨에 그다지 익숙해지지 않았다고 한다. 하지만 어릴 때부터 둥베이를 떠난 적이 없는 나는 이곳의 날씨가 정말 좋다고 생각한다.

★ 그는：

A 남부 사람이다

B 겨울을 싫어한다

C 장씨 아주머니에게 동의하지 않는다

张 Zhāng 고유 장 [성씨] | 阿姨* āyí 명 이모, 아주머니 | 南方 nánfāng 명 남쪽 지방, 남부 | 冬天 dōngtiān 명 겨울 | 还是* háishi 부 여전히, 아직도 | 从小 cóngxiǎo 부 어릴 때부터 | 东北 Dōngběi 고유 둥베이 [중국 동북 지역] | 同意* tóngyì 동 동의하다, 찬성하다

장씨 아주머니는 이곳의 겨울이 정말 너무 춥다(她说这儿的冬天真的太冷了)고 생각하지만, '나'는 이곳의 날씨가 정말 좋다(这儿的天气真的很好)고 생각한다고 했습니다. 장씨 아주머니와 '나'의 생각이 반대되므로 정답은 C입니다. 역접의 접속사 '但'은 앞의 내용과 상반된 내용을 뒤에 이끌어 내므로 뒤의 내용에 집중해야 합니다. 또한 함정을 피하기 위해서는 문제에서 묻는 대상이 누구인지 정확히 확인해야 합니다.

고득점 Tip | 从A到B

'从A到B'는 'A부터 B까지'라는 뜻으로 시간, 공간, 범위의 시작과 끝을 가리킵니다.

从早到晚 아침부터 저녁까지　　　从东到西 동쪽부터 서쪽까지

从数学到历史 수학부터 역사까지

爸妈结婚25年了，到现在他们还记得第一次相遇的时候。他们说，<u>那天下午突然下大雨，妈妈没带伞，爸爸就给她打伞了</u>。	아빠와 엄마가 결혼한 지 25년이 되었다. 지금까지도 부모님은 처음 마주쳤을 때를 기억한다. 그날 오후에 갑자기 많은 비가 내렸는데 엄마는 우산이 없었고, 아빠가 엄마에게 우산을 씌워 줬다고 한다.
★ 第一次遇到爸爸时，妈妈：	★ 처음 아빠를 만났을 때 엄마는:
A 没带伞	A 우산이 없었다
B 25岁了	B 25살이었다
C 骑着自行车	C 자전거를 타고 있었다

记得* jìde 통 기억하고 있다, 잊지 않고 있다 | 第一 dì-yī 첫 번째, 최초, 맨 처음 | 相遇 xiāngyù 통 (서로) 만나다 | 突然* tūrán 부 갑자기, 돌연히 | 伞* sǎn 명 우산 | 遇到* yùdào 통 (우연히) 만나다, 마주치다 | 岁 suì 양 세, 살 | 骑* qí 통 (동물이나 자전거 등에) 타다 | 着 zhe 조 ~하는 중이다

지문에 '妈妈没带伞(엄마는 우산이 없었다)'이라는 내용이 그대로 언급되었습니다. 정답은 A입니다. 결혼한 지 25년이 된 것(结婚25年了)이지, 당시 엄마의 나이가 25살인 것은 아니고, 자전거는 지문에서 전혀 언급되지 않습니다.

✦고득점 Tip | 동사 打

'打'는 기본적으로 '때리다'라는 뜻이지만, 대동사로서 맥락에 따라 다른 동사를 대신해 다양한 동작을 나타냅니다.

(1) 전기적으로 정보를 입력하다

　　打电话 전화를 걸다 | 打字 타이핑하다

(2) 구기 운동을 하다

　　打篮球 농구를 하다 | 打网球 테니스를 치다

(3) 끈이나 실을 엮어 물건을 만들다

　　打毛衣 스웨터를 짜다 | 打草鞋 짚신을 짜다

(4) 높이 들다, 쳐들다

　　打伞 우산을 쓰다 | 打旗子 깃발을 들다

三、书写 쓰기

제1부분 71~75번은 제시어를 나열하여 하나의 문장으로 작성하는 문제입니다.

71 ★★

> 笑　地　奶奶　满意
>
> → 奶奶满意地笑。 할머니는 만족스럽게 웃는다.

满意* mǎnyì 형 만족하다, 만족스럽다 │ 地* de 조 [관형어로 쓰이는 단어나 구 뒤에 쓰여, 중심어를 수식함] │ 笑 xiào 통 웃다

명사		형용사+地		동사
奶奶	+	**满意地**	+	**笑**
주어		부사어		술어

제시어 중 주어로 쓸 수 있는 것은 명사인 '奶奶'뿐입니다. 술어는 동사인 '笑'와 형용사 '满意' 모두 가능합니다. 조사 '地'는 형용사나 일부 동사(구)가 다른 동사를 수식할 때 씁니다. 따라서 '满意+地+笑' 순으로 써야 합니다.

⁺고득점 Tip │ 예문 더 보기

他高兴地回答。 그는 즐겁게 대답했다. [高兴: 형용사]

大家很有兴趣地听了我的故事。 모두 흥미진진하게 내 이야기를 들었다. [很有兴趣: 동사구]

72 ★★

> 骑车　每天都　他　上学
>
> → 他每天都骑车上学。 그는 매일 자전거를 타고 학교에 간다.

骑车* qí chē 자전거를 타다 │ 上学 shàngxué 통 등교하다

他	+	每天都	+	骑车	+	上学
주어		부사어		술어1+목적어		술어2

하나의 주어에 두 개 이상의 동사 술어가 연달아 쓰인 문장을 '연동문'이라고 합니다. 이때, 술어1과 술어2는 동작이 일어난 순서를 나타내거나, 술어1이 수단이고 술어2가 목적임을 나타냅니다. 이 문제의 경우 '骑车(자전거를 타다)'가 수단, '上学(학교에 가다)'가 목적을 나타내는 연동문입니다. 부사어는 술어1 앞에 위치해야 합니다.

⁺고득점 Tip │ 예문 더 보기

他回家看了那个比赛。 그는 집에 돌아와서 그 경기를 봤다. [동작이 일어난 순서]

我要去超市买菜。 나는 마트에 가서 장을 볼 것이다. [去超市: 수단, 买菜: 목적]

大风　刮走了　被　他的帽子

→ 他的帽子被大风刮走了。그의 모자는 바람에 날아가 버렸다.

帽子* màozi 圓 모자 | 被* bèi 团 ~에 의해 (당하다)

他的帽子	+	被	+	大风	+	刮走了
주어		被		목적어		술어

개사 '被'가 있으므로 '被'자 피동문을 써야 한다는 것을 알 수 있습니다. '被'자 피동문은 '주어+被+목적어+술어'의 형식으로 쓰며 '[주어]가 [목적어]에 의해 [동사]되다'라고 해석합니다.

고득점 Tip | 예문 더 보기

明明被老师叫去了。밍밍이 선생님에게 불려 갔다.

我的蛋糕被他吃了。내 케이크는 그에게 먹혔다. (그가 내 케이크를 먹었다.)

向朋友　我　一条船　借了

→ 我向朋友借了一条船。나는 친구에게 배를 한 척 빌렸다.

向* xiàng 团 ~에게 | 借* jiè 图 빌리다, 빌려주다 | 船* chuán 圓 배, 선박

'比, 从, 离, 往, 给, 对, 向, 跟, 被, 把, 为' 등 대부분의 개사는 목적어와 함께 개사구를 이루면 문장에서 부사어로 쓰입니다. 이 경우 문장 형식은 '주어+개사구+술어'입니다. 따라서 술어 '借了' 앞에 개사구 '向朋友'를 써야 합니다. '借'의 주체가 될 수 있는 '我'가 주어가 되고, '一条船'이 목적어가 되어야 합니다.

고득점 Tip | 예문 더 보기

他从上海回来了。그는 상하이에서 돌아왔다.

我给爷爷打了电话。나는 할아버지에게 전화했다.

75 ★★

打扫　让大家　老师　教室

→ 老师让大家打扫教室。 선생님은 모두로 하여금 교실을 청소하게끔 시켰다.

教室 jiàoshì 명 교실

老师　＋　让　＋　大家　＋　打扫　＋　教室
주어　　　술어1　　　겸어　　　술어2　　　목적어

술어1의 목적어가 술어2의 주어를 겸하는 문장을 '겸어문'이라고 하고, 이때 술어1의 목적어와 술어2의 주어를 겸하는 문장성분을 '겸어'라고 합니다. 겸어문은 '주어+술어1+겸어+술어2'의 형식으로 씁니다. 술어1에는 사역동사가 쓰이는데, '让'은 대표적인 사역동사입니다. 맥락상 선생님이 모두로 하여금 교실을 청소하게끔 시키는 것이 자연스러우므로, '老师'가 주어, '大家'가 겸어로 쓰여야 합니다.

제2부분 76～80번은 한어병음을 보고 빈칸에 알맞은 한자를 쓰는 문제입니다.

76 ★★

想清楚了再（　回 huí　）答，别着急。	잘 생각하고 답해요. 서두르지 말고요.

清楚* qīngchu 형 분명하다, 뚜렷하다 ｜ 回答* huídá 통 대답하다

'回'는 '回家(집에 돌아가다)' '回国(자기 나라로 돌아가다)' '回学校(학교에 돌아가다)' '回公司(회사에 돌아가다)'와 같이 '(어떠한 장소로) 돌아가다'라는 뜻으로 쓸 수 있고, '回电话(응답 전화를 걸다)' '回话(말에 답하다)'와 같이 '대답하다'라는 뜻으로도 쓸 수 있습니다.

77 ★★★

你知道（　它 tā　）是什么鸟吗?	당신은 그것이 무슨 새인지 아세요?

鸟* niǎo 명 새

빈칸 뒤에 '是(~이다)'가 있으므로 빈칸에는 주어로 쓰일 수 있는 명사나 대명사가 들어갈 것이라고 추측할 수 있습니다. 제3자를 지칭할 때 쓰는 대명사는 '他(그), 她(그녀), 它(그것)'로 구분되는데, '它'는 주로 물건을 가리키지만 동물도 가리킬 수 있습니다. 문제에서 빈칸이 지칭하는 것은 '鸟(새)'이므로 '它'가 정답입니다.

78 ★★★

这儿离黄河很（ 近 ），从这儿向东走五百米就到了。	이곳은 황허강에서 가까워요. 여기에서 동쪽으로 500m 걸으면 바로 도착해요.

黄河* Huánghé 고유 황허강 [지명] ｜ 近 jìn 형 가깝다 ｜ 东* dōng 명 동쪽 ｜ 百 bǎi 수 백(100) ｜ 米* mǐ 양 미터(m)

빈칸 앞뒤로 '这儿(이곳)' '黄河(황허강)'와 같은 장소와 그 둘의 거리가 500m라는 내용이 나오므로 빈칸에는 거리를 나타내는 '近(가깝다)'이 들어가야 합니다. 발음이 같은 '进(들어가다)'을 떠올릴 수 있으나, 문맥을 고려하면 '进'은 정답이 될 수 없습니다.

79 ★★

她笑起来甜甜的，让人觉得她（ 可 ）爱极了。	그녀가 웃으면 매우 감미로워서, 사람들은 그녀가 아주 사랑스럽다고 느낀다.

甜* tián 형 달콤하다

'可'는 조동사 '可以'의 줄임말입니다. '可以'는 '～할 수 있다(가능)' '～해도 된다(허가)' '～할 가치가 있다(가치)' 세 가지 의미가 있습니다. 세 번째 의미의 경우 '可+1음절 동사' 구조로 자주 쓰입니다. 그중 하나가 정답인 '可爱(사랑할 가치가 있다 → 사랑스럽다)'입니다. 그 밖에도 '可看(볼 만하다 → 풍경 등이 예쁘다, 영화 등이 재밌다)' '可买(살 만하다 → 물건이 괜찮다)' '可玩(놀 만하다 → 재미있다)'과 같이 확장할 수 있습니다.

80 ★★

为了身（ 体 ）健康，我们要经常锻炼。	신체 건강을 위해서 우리는 자주 단련해야 한다.

HSK 3급 필수 단어 '身体'는 '몸' '신체'라는 뜻입니다. 예를 들어 '动身体(몸·신체를 움직이다)' '用身体说话(몸·신체로 표현하다)'와 같이 씁니다. '身体'는 또한 '건강'을 뜻하기도 합니다. '注意身体(몸·건강 조심해라)' '身体好(몸·건강이 좋다)' '身体不舒服(몸·건강이 안 좋다)'와 같이 씁니다.

제2회
모의고사 해설

一、听力 듣기

제1부분 1~10번은 녹음을 듣고 관련 있는 그림을 선택하는 문제입니다.

1 ★★

女: 你做的蛋糕，看起来很好吃，但是我 担心会胖。

男: 没关系，这个不甜，吃一点儿。

여: 당신이 만든 케이크가 맛있어 보여요. 그런데 저는 살이 찔까 봐 걱정돼요.

남: 괜찮아요. 이건 달지 않으니 조금만 먹어요.

蛋糕* dàngāo 몡 케이크 │ 起来* qǐlái 통 (다른 동사와 형용사 사이에 쓰여) ~하기에 ~하다 │ 好吃 hǎochī 혱 맛있다 │ 但是 dànshì 젭 그러나, 그렇지만 │ 担心* dānxīn 통 걱정하다 │ 胖* pàng 혱 뚱뚱하다, 살찌다 │ 甜* tián 혱 달다

F 녹음의 키워드는 '蛋糕(케이크)'이므로 쉽게 정답을 고를 수 있습니다. 정답은 F입니다.

2 ★★

男: 这家饭馆的鱼做得真不错。

女: 是啊，其他菜也都很好吃，下次我们 再点这家吧。

남: 이 식당의 생선 요리는 정말 잘 만들었네.

여: 맞아, 다른 음식도 다 맛있어. 다음에 우리 이 집에 서 또 주문하자.

家 jiā 양 [집·점포·공장 등을 세는 단위] │ 饭馆 fànguǎn 몡 식당 │ 鱼 yú 몡 물고기, 생선 │ 得 de 조 [동사나 형용사 뒤에서 결과 나 정도를 나타내는 보어를 연결함] │ 真 zhēn 뷔 정말, 진짜 │ 啊* a 조 [문장 끝에 쓰여 긍정의 어기를 나타냄] │ 其他* qítā 데 기 타, 그 외 │ 菜 cài 몡 요리 │ 也 yě 뷔 또한, 역시 │ 下次 xià cì 몡 다음번 │ 再 zài 뷔 또, 다시 │ 点 diǎn 통 (음식을) 주문하다 │ 吧 ba 조 [문장 끝에 쓰여 상의·제의·청유·기대·명령 등의 어기를 나타냄]

C '鱼做得真不错(생선 요리는 정말 잘 만들었다)' '其他菜也都很好吃(다른 음식도 다 맛있 다)' '再点这家吧(이 집에서 또 주문하자)'라는 내용에서 보아 두 사람이 식사를 하고 있음을 유 추할 수 있습니다. 정답은 C입니다.

'点'은 동사로는 '점을 찍다'라는 뜻이지만, 맥락에 따라 다른 동사를 대신해 다양한 동작을 나타냅니다.

点菜 음식을 주문하다 | 点灯 점등하다, 등에 불을 붙이다 | 点火 점화하다, 불을 붙이다 | 点头 머리를 끄덕이다 |
点药水 약을 넣다 | 点钱 돈을 세다

---

3 ★★

| 男：我和妹妹把房间都打扫干净了。 | 남：저와 여동생은 방을 다 깨끗이 청소했어요. |
| 女：做得很好，你们真的长大了。 | 여：잘했어. 너희들 진짜 다 컸구나. |

妹妹 mèimei 명 여동생 | 把* bǎ 개 ~을 | 房间 fángjiān 명 방 | 打扫* dǎsǎo 동 청소하다 | 干净* gānjìng 형 깨끗하다 |
长大 zhǎngdà 동 자라다, 성장하다

B 남자가 방을 청소했다(打扫)고 했는데, 청소하고 있는 사진은 B밖에 없습니다. 여자가 '你们
真的长大了(너희들 진짜 다 컸구나)'라고 한 데서 남자와 여동생은 어린아이라는 것을 알 수 있
습니다.

---

4 ★★★

| 男：来，我给你介绍一下，这位是新来的
同事小周。 | 남：자, 제가 당신에게 소개해 줄게요. 이분은 새로 온
동료 샤오저우라고 해요. |
| 女：您好，我是这儿的经理，欢迎欢迎。 | 여：안녕하세요. 저는 이곳의 부서장이에요. 환영해요. |

给 gěi 개 ~에게 | 介绍 jièshào 동 소개하다 | 一下 yíxià 수량 한번 ~해 보다, 시험 삼아 ~하다 | 位* wèi 양 분, 명 [사람을 높여
세는 단위] | 同事* tóngshì 명 동료 | 您 nín 대 당신, 귀하 | 经理* jīnglǐ 명 부서장, 팀장, 부장, 매니저 | 欢迎* huānyíng 동
환영하다

E '我给你介绍一下(제가 당신에게 소개해 줄게요)'라는 내용을 보면 남자와 여자 외에 한 사람
이 더 있다는 것을 알 수 있습니다. 따라서 세 명이 서로 인사를 나누고 있는 E가 정답입니다.

---

5 ★★

| 男：这几件衬衫，我都买了。 | 남：이 셔츠 몇 벌을 제가 다 살게요. |
| 女：好的，您是刷卡吗? | 여：네, 카드로 결제하시나요? |

件 jiàn 양 벌, 장, 건 [옷·사건 등을 세는 단위] | 衬衫* chènshān 명 셔츠, 블라우스 | 买 mǎi 동 사다, 구입하다 | 刷卡 shuākǎ
동 카드로 결제하다

A '衬衫'는 '셔츠, 블라우스'라는 뜻으로 옷의 일종입니다. 또한 '都买了(다 산다)' '刷卡(카드로 결제하다)'라는 표현에서 남자가 쇼핑을 하고 있음을 알 수 있습니다. 정답은 A입니다. '刷卡'의 '卡'는 HSK 3급 필수 단어 '信用卡(신용카드)'를 뜻합니다. '刷'는 '한 방향으로 긁다'라는 뜻입니다.

⁺고득점 Tip

刷卡 shuākǎ 카드를 긁다 ➡ 刷牙* shuā yá 양치질하다 ┃ 刷脸 shuā liǎn 얼굴을 스캔하다

---

6 ★★

女: 儿子，从今天开始不能再玩游戏了。
男: 对不起，妈妈，以后我一定认真写作业。

여: 아들, 오늘부터 다시는 게임을 못 한다.
남: 죄송해요, 엄마. 앞으로 꼭 숙제를 열심히 할게요.

儿子 érzi 圐 아들 ┃ 从 cóng 째 ~부터 ┃ 今天 jīntiān 圐 오늘 ┃ 开始 kāishǐ 圐 시작하다 ┃ 玩 wán 圐 놀다 ┃ 游戏* yóuxì 圐 게임 ┃ 以后 yǐhòu 圐 이후 ┃ 一定* yídìng 圐 반드시, 꼭 ┃ 认真* rènzhēn 圐 진지하다, 성실하다 ┃ 写 xiě 圐 쓰다 ┃ 作业* zuòyè 圐 숙제, 과제

C 여자가 남자를 '儿子(아들)'라고 불렀으므로, 둘은 모자 관계인 것을 알 수 있습니다. 또한 남자가 '对不起(죄송해요)'라고 했으므로 엄마가 아이를 꾸짖고 있는 C가 답으로 적합합니다.

---

7 ★★

男: 你的笔记本电脑怎么了？
女: 我也不知道，总是打不开，应该换一个新的了。

남: 당신의 노트북 컴퓨터는 왜 그래요?
여: 나도 모르겠어요. 계속 안 켜지네요. 새것으로 바꿔야겠어요.

笔记本电脑* bǐjìběn diànnǎo 圐 노트북 컴퓨터 ┃ 知道 zhīdào 圐 알다 ┃ 总是* zǒngshì 圐 늘, 줄곧, 언제나 ┃ 应该* yīnggāi 조동 마땅히 ~해야 한다 ┃ 换* huàn 圐 교환하다, 바꾸다 ┃ 新 xīn 圐 새롭다

B 남자와 여자가 '笔记本电脑(노트북 컴퓨터)'에 관해 대화를 나누고 있는데 노트북 컴퓨터가 안 켜진다(打不开)고 했습니다. 여자가 노트북 컴퓨터를 들고 문제가 있는 듯한 표정을 짓고 있는 B가 정답입니다. '电脑(컴퓨터)'라는 키워드만 들으면 쉽게 정답을 맞힐 수 있습니다.

⁺고득점 Tip ┃ 조동사 应该

조동사 '应该'는 '마땅히 ~해야 한다'라는 의미 외에도 '분명히 ~할 것이다'라는 의미가 있으며, 강한 추측을 표현할 수 있습니다.

他做的菜应该会很好吃。 그가 한 음식은 분명히 맛있을 것이다.

你爸爸应该没事。 너의 아빠는 분명 아무 일 없을 거야.

这件事应该不会有很大的影响吧？ 이 일은 분명 큰 영향이 있지는 않겠지?

8 ★★★

女: 我最近又胖了，我吃得也不多啊。 男: 你就是太不爱运动了，从明天开始就和我一起跑步吧。	여: 나 요즘 또 살쪘어. 많이 먹지도 않는데. 남: 넌 운동을 너무 안 한 거야. 내일부터 나와 함께 달리자.

最近* zuìjìn 몡 최근, 요즘 | 又* yòu 閂 또, 다시, 거듭 | 多 duō 혱 많다 | 就 jiù 閂 곧, 즉시, 바로 | 运动 yùndòng 동 운동하다 | 明天 míngtiān 몡 내일 | 一起 yìqǐ 閂 같이, 함께 | 跑步 pǎobù 동 달리다

E 여자가 '又胖了(또 살쪘어)'라고 했으므로 E가 정답입니다.

9 ★★

男: 我新买了一个手机，照出来的相片非常漂亮。 女: 那你也给我照一张相吧。	남: 내가 휴대폰을 하나 새로 샀는데, 사진이 아주 잘 나와. 여: 그럼 나도 사진 한 장 찍어 줘.

手机 shǒujī 몡 휴대폰 | 照 zhào 동 (사진을) 찍다 | 相片 xiàngpiàn 몡 사진 | 非常 fēicháng 閂 대단히, 매우, 아주 | 漂亮 piàoliang 혱 예쁘다, 아름답다 | 给 gěi 개 ~에게 | 照相 zhàoxiàng 동 사진을 찍다 | 张* zhāng 양 장, 개 [종이나 탁자 등 넓은 면적을 가진 물건을 세는 단위]

D 남자가 '我新买了一个手机(내가 휴대폰을 하나 새로 샀다)'라고 했고 여자는 '给我照一张相吧(나에게 사진 한 장 찍어 줘)'라고 했으므로 남자가 여자에게 휴대폰으로 사진을 찍어 주는 D 가 정답입니다.

✦고득점 Tip | 이합사

'照相'과 같이 '동사+목적어' 구조로 이루어진 합성어를 '이합사'라고 합니다. 이합사는 하나의 단어이지만 동사와 목적어를 분리하여 활용합니다.

我们明天见个面吧。 우리 내일 한번 보자.

谢谢，你帮了我的大忙。 고맙습니다. 당신은 저에게 큰 도움을 줬습니다.

我打算爬上那座山。 나는 저 산을 오를 생각이다.

我早上一起来就先刷好牙，然后再洗脸。 나는 아침에 일어나자마자 먼저 양치를 다 하고 세수를 한다.

我请了半天假。 나는 반나절 휴가를 냈다.

10 ★★

| 女: 我想把头发理得短一点。
男: 我觉得你长头发更好看。 | 여: 머리를 좀 짧게 정리하고 싶어요.
남: 저는 당신은 긴 머리가 더 예쁘다고 생각해요. |

头发* tóufa 명 머리카락 | 理 lǐ 통 정리하다 [理发: 이발하다, 머리를 자르다] | 短* duǎn 형 짧다 | 觉得 juéde 통 ~라고 느끼다,
~라고 여기다 | 长 cháng 형 길다 | 更* gèng 부 더욱, 더 | 好看 hǎokàn 형 예쁘다, 보기 좋다

 A '理'는 '이발하다, 머리를 자르다'라는 뜻입니다. 여자는 머리를 좀 짧게 정리하고 싶다고 했고,
남자 또한 머리카락에 대해 언급하고 있으므로 정답은 A입니다.

제2부분 11~20번은 한 단락의 녹음을 듣고 제시된 문장의 정오를 판단하는 문제입니다.

11 ★★

| 你借给我的那本书，我把它放在教室的桌子上了，下课以后，我就先走了。 | 네가 나에게 빌려준 그 책, 교실의 책상 위에 올려놨어. 수업 끝나고 나는 먼저 갈게. |
| ★ 书被放在教室的桌子上了。(✓) | ★ 책은 교실의 책상 위에 놓여 있다. (✓) |

借* jiè 통 빌리다, 빌려주다 | 它 tā 대 (사람 이외의 것을 가리켜) 그, 저, 이것, 저것 | 放* fàng 통 놓다 | 教室 jiàoshì 명 교실 |
桌子 zhuōzi 명 책상, 탁자 | 下课 xiàkè 통 수업이 끝나다 | 先* xiān 부 먼저, 우선 | 走 zǒu 통 가다 | 被* bèi 개 ~에 의해 (당하다)

녹음 속 '把'자문을 '被'자문으로 변환하여 제시했습니다. '把它放在教室的桌子上了(그것을 교실의 책상 위에 올려놨다)'
와 '书被放在教室的桌子上了(책은 교실의 책상 위에 놓여 있다)'는 같은 내용을 능동과 피동으로 나타낸 문장이므로 정
답은 ✓입니다.

12 ★★

| 您好，我的雨伞可能忘在你们饭馆了，是黑色的，应该是在洗手间里。 | 안녕하세요, 제 우산을 아마 당신의 식당에 두고 온 것 같아요. 검은색이에요. 분명 화장실에 있을 거예요. |
| ★ 雨伞被忘在银行了。(×) | ★ 우산을 은행에 두고 왔다. (×) |

雨伞* yǔsǎn 명 우산 | 可能 kěnéng 조동 아마 ~할지도 모른다 | 忘 wàng 통 잊다 | 黑色 hēisè 명 검은색 | 应该* yīnggāi
조동 분명히 ~할 것이다 | 洗手间* xǐshǒujiān 명 화장실 | 银行* yínháng 명 은행

화자는 우산을 식당(饭馆)에 두고 왔다고 했으므로 은행(银行)에 두고 왔다는 제시문은 틀렸습니다. 정답은 × 입니다.

13 ★★★

黄河是中国的母亲河，因为有了黄河，中国才有了今天这样的历史和文化。	황허강은 중국의 어머니 강입니다. 황허강이 있었기에 중국은 비로소 오늘날과 같은 역사와 문화를 갖게 되었습니다.
★ 对中国人来说，黄河很重要。(√)	★ 중국인들에게 있어, 황허강은 중요하다. (√)

黄河* Huánghé 고유 황허강 [지명] │ 母亲 mǔqīn 명 모친, 어머니 │ 因为 yīnwèi 접 (주로 뒤 절의 所以 등과 호응하여) 왜냐하면 │ 才* cái 부 비로소 │ 历史* lìshǐ 명 역사 │ 文化* wénhuà 명 문화 │ 对……来说 duì……láishuō ～에게 있어서 │ 重要* zhòngyào 형 중요하다

황허강은 중국의 역사와 문화의 근원이 되는 '母亲河(어머니 강)'이므로 중국인들에게 중요하다는 것을 유추할 수 있습니다. 정답은 √입니다.

14 ★★

除了电视和电脑外，现在的人们更喜欢用手机看新闻，我认为这样非常方便。	텔레비전과 컴퓨터 외에 요즘 사람들은 휴대폰으로 뉴스 보는 것을 더 좋아한다. 난 그것이 매우 편리하다고 생각한다.
★ 用手机看新闻很方便。(√)	★ 휴대폰으로 뉴스 보는 것은 편리하다. (√)

除了* chúle 접 (주로 뒤 절의 都, 也, 还 등과 호응하여) ～을 제외하고 │ 电视 diànshì 명 TV, 텔레비전 │ 电脑 diànnǎo 명 컴퓨터 │ 外 wài 명 외, 밖 │ 现在 xiànzài 명 지금, 현재 │ 喜欢 xǐhuan 동 좋아하다 │ 用* yòng 동 사용하다 │ 新闻* xīnwén 명 뉴스 │ 认为* rènwéi 동 여기다, 생각하다 │ 方便* fāngbiàn 형 편리하다

오늘날 사람들이 휴대폰으로 뉴스 보는 것을 좋아하는데 '나'는 그것이 매우 편리하다고 생각한다(我认为这样非常方便)고 했으므로 정답은 √입니다. 녹음 속 '这样'이 가리키는 내용이 무엇인지 파악해야 합니다.

15 ★★

妈，我那条蓝色的裤子放哪儿了? 里面有一个很重要的纸条儿。您不会是把它洗了吧?	엄마, 저의 그 파란색 바지 어디에 두셨어요? 그 안에 아주 중요한 메모가 하나 있는데 그것을 빤 건 아니죠?
★ 纸条儿在裤子里。(√)	★ 메모는 바지 안에 있다. (√)

条* tiáo 양 [가늘고 긴 것을 세는 단위] │ 蓝色 lánsè 명 파란색 │ 裤子* kùzi 명 바지 │ 哪儿 nǎr 대 어느, 어디 │ 纸条儿 zhǐtiáor 메모, 종이쪽지 │ 洗 xǐ 동 씻다, 빨다, 세탁하다

녹음 속 화자가 바지(裤子)를 찾으면서 '里面有一个很重要的纸条儿(그 안에 아주 중요한 메모가 하나 있다)'이라고 했으므로 정답은 √입니다.

✦ **고득점 Tip**

纸条 zhǐtiáo 쪽지 ➡ 面条 miàntiáo 국수 │ 油条 yóutiáo 여우타오 [길쭉한 밀가루 반죽을 기름에 튀겨 낸 중국 전통음식]

16 ★★★

中国的国庆节是10月1日，这天也是我跟小黄的生日，但她是1997年出生的，比我大一岁。	중국의 건국기념일은 10월 1일이고, 이날은 나와 샤오황의 생일이기도 해요. 그러나 그녀는 1997년생으로 나보다 한 살 많아요.
★ 说话人的生日是1998年10月1日。(√)	★ 화자의 생일은 1998년 10월 1일이다. (√)

国庆节 Guóqìngjié 몡 건국기념일 | 日 rì 몡 날, 일 | 跟* gēn 깨 ~과 | 生日 shēngrì 몡 생일 | 但 dàn 젭 그러나, 그렇지만 | 出生 chūshēng 통 출생하다, 태어나다 | 比 bǐ 깨 ~에 비해, ~보다 | 岁 suì 먕 세, 살

녹음 앞부분에서 10월 1일은 중국의 건국기념일이자 '나'와 샤오황의 생일(这天也是我跟小黄的生日)이라고 했습니다. 이어서 '她是1997年出生的，比我大一岁(그녀는 1997년생으로 나보다 한 살 많다)'라는 내용에서 화자는 1998년생이라는 것을 알 수 있습니다. 정답은 √입니다.

17 ★★

因为天气的原因，飞机今天不能起飞了，我们好像得找一个旅馆住一晚了。	날씨 때문에 비행기가 오늘 이륙하지 못해서 우리는 호텔을 찾아 하룻밤 묵어야 할 것 같아.
★ 飞机马上就起飞了。(×)	★ 비행기는 곧 이륙할 것이다. (×)

天气 tiānqì 몡 날씨 | 原因 yuányīn 몡 원인 | 飞机 fēijī 몡 비행기 | 起飞* qǐfēi 통 (비행기·로켓 등이) 이륙하다 | 好像 hǎoxiàng 통 ~와 같다 | 找 zhǎo 통 찾다 | 旅馆 lǚguǎn 몡 여관 | 住 zhù 통 살다, 거주하다, 묵다 | 马上* mǎshàng 뷔 곧, 즉시

날씨 때문에 비행기가 이륙할 수 없다(不能起飞)고 했으므로 정답은 ×입니다.

18 ★★

那家店的菜很好吃，就是太贵了，下次我们去便宜一点儿的地方吃吧。	그 식당 음식은 맛있는데, 다만 너무 비싸요. 다음에는 우리 좀 싼 곳에 가서 먹죠.
★ 那家店没有说话人想吃的菜。(×)	★ 그 식당에는 화자가 먹고 싶은 요리가 없다. (×)

店 diàn 몡 가게 | 贵 guì 혱 (값이) 비싸다 | 便宜 piányi 혱 (값이) 싸다, 저렴하다 | 地方* dìfang 몡 장소, 곳

화자가 다음에 다른 곳에 가서 먹자고 하는 것은 먹고 싶은 요리가 없기 때문이 아니라 그 식당이 너무 비싸기 때문(就是太贵了)입니다. 따라서 정답은 ×입니다.

✦고득점 Tip | 전환의 就是/只是

'就是'와 '只是'는 뒤 절에서 '다만, 하지만'이라는 뜻의 역접 접속사로 쓸 수 있습니다.

我也很想看，就是没时间。나도 보고 싶다. 하지만 시간이 없다.

这只猫长得很漂亮，就是有点胖。이 고양이는 예쁘게 생겼다. 다만 좀 뚱뚱하다.

我喜欢那条黑裙子，只是觉得短了一点儿。나는 그 검은 치마가 마음에 든다. 하지만 조금 짧은 것 같다.

19

这双皮鞋是我找到第一份工作的时候，姐姐送我的礼物，虽然现在旧了，但是我很喜欢。

이 구두는 제가 첫 직장을 구했을 때, 누나가 저에게 준 선물인데, 비록 지금은 낡았지만 저는 아주 좋아해요.

★ 那双鞋是姐姐买的。(✓)

★ 그 신발은 누나가 산 것이다. (✓)

双* shuāng 양 벌, 켤레, 쌍 [두 개가 하나의 쌍을 이루는 물건을 세는 단위] | 皮鞋* píxié 명 구두 | 第一 dì-yī 첫 번째, 최초, 맨 처음 | 份 fèn 양 [일을 세는 단위] | 工作 gōngzuò 명 일, 직장 | 时候 shíhou 명 때 | 送 sòng 동 보내다, 선물하다 | 礼物* lǐwù 명 선물 | 虽然 suīrán 접 (주로 뒤 절의 但是, 但 등과 호응하여) 비록 ~하지만 | 旧* jiù 형 낡다, 오래되다 | 鞋 xié 명 신발

그 신발은 누나가 준 선물(这双皮鞋是……姐姐送我的礼物)이므로 누나가 샀다는 것을 알 수 있습니다. 정답은 ✓ 입니다.

고득점 Tip | 양사 双과 只

양사 '双'은 두 개가 하나의 쌍을 이루는 물건을 세는 단위입니다.

一双鞋 신발 한 켤레 | 那双筷子 그 젓가락 한 벌 | 一双手 한 쌍의 손 | 几双眼睛 여러 쌍의 눈

양사 '只'는 쌍을 이루는 것 중 하나를 세는 단위입니다.

一只鞋 신발 한 짝 | 那只筷子 그 젓가락 한 짝 | 一只手 한 쪽 손 | 几只眼睛 몇 개의 눈

北方的冬天非常冷，特别是东北，我刚到那儿的第一天就感冒了。这么多年过去了，还是有点儿不习惯。

북방의 겨울은 매우 추운데, 둥베이가 특히 그렇습니다. 저는 그곳에 막 도착한 첫날에 감기에 걸렸어요. 이렇게 여러 해가 지났지만, 아직도 약간 익숙하지 않습니다.

★ 说话人习惯了北方的冬天。(×)

★ 화자는 북방의 겨울에 익숙해졌다. (×)

北方* běifāng 명 북방, 북쪽 | 冬天 dōngtiān 명 겨울 | 冷 lěng 형 춥다 | 特别* tèbié 부 특히, 각별히 | 东北 Dōngběi 고유 둥베이 [중국 동북 지역] | 刚* gāng 부 방금, 막 | 到 dào 동 도달하다 | 感冒* gǎnmào 동 감기에 걸리다 | 过去* guòqù 동 지나가다 | 还是* háishi 부 여전히, 아직도 | 有点儿 yǒudiǎnr 부 조금, 약간 | 习惯* xíguàn 동 습관이 되다, 익숙하다

북방의 겨울이 매우 추워서 아직도 약간 익숙하지 않다(还是有点儿不习惯)고 했으므로 정답은 × 입니다.

제3부분 21~30번은 2문장의 대화를 듣고 질문에 알맞은 보기를 선택하는 문제입니다.

21

男：这个水果盘怎么卖？
女：32元一个，买三个还会送两个碗。

남: 이 과일 접시는 어떻게 팝니까?
여: 하나에 32위안이고, 세 개 사시면 그릇 두 개를 드립니다.

问: 那个盘子多少钱?

   A 两块

   B 三块

   C 三十二块

질문: 그 접시는 얼마인가?

   A 2위안

   B 3위안

   C 32위안

水果 shuǐguǒ 몡 과일 | 卖 mài 동 팔다, 판매하다 | 还 hái 뿐 또, 더 | 碗* wǎn 몡 그릇 | 盘子* pánzi 몡 쟁반, 접시 | 块 kuài 양 위안 [중국의 화폐 단위. '元'의 구어체]

'水果盘'은 직역하면 '과일 접시'인데 식당 등에서 껍질을 까서 미리 접시에 세팅해 놓은 과일을 말합니다. '怎么卖?(어떻게 팝니까?)'는 가격을 묻는 표현인데, 여자가 '32元(32위안)'이라고 했으므로 정답은 C입니다. A와 B는 함정입니다. 중국의 화폐 단위는 '元(위안)'인데 회화에서는 주로 '块元(위안)'를 많이 씁니다.

22 ★★

女: 听说你这星期日搬家, 我去帮你吧。

男: 没关系, 你不说要去看牙医吗? 你忙你的吧。

问: 男的周末打算干什么?

   A 搬家

   B 打篮球

   C 看牙医

여: 이번 주 일요일에 당신이 이사한다고 들었는데 제가 가서 도와줄게요.

남: 괜찮아요. 당신 치과에 가야 한다고 하지 않았어요? 당신 일 봐요.

질문: 남자는 주말에 무엇을 할 계획인가?

   A 이사한다

   B 농구를 한다

   C 치과에 간다

听说 tīngshuō 동 듣자 하니 ~라고 한다 | 星期日 xīngqīrì 몡 일요일 | 搬家 bānjiā 동 이사하다 | 帮 bāng 동 돕다 | 要 yào 조동 ~해야 한다 | 牙医 yáyī 몡 치과 의사 | 打算* dǎsuàn 동 계획하다 | 打篮球 dǎ lánqiú 농구를 하다

여자는 남자에게 '听说你这星期日搬家(이번 주 일요일에 이사한다고 들었다)'라고 했으므로 정답은 A입니다. 남자가 여자에게 '你不说要去看牙医吗?(당신 치과에 가야 한다고 하지 않았어요?)'라고 했으므로 치과에 가는 것은 여자입니다. 따라서 C는 오답입니다. 질문이 남자에 관한 것인지 여자에 관한 것인지 주의해야 합니다.

23 ★★

男: 孩子去哪儿了? 一上午都没看见他了。

女: 和他奶奶去动物园看熊猫了。

问: 孩子和谁出去了?

   A 叔叔

   B 爷爷

   C 奶奶

남: 아이가 어디 갔지? 오전 내내 아이를 못 봤네.

여: 애 할머니와 판다 보러 동물원에 갔어.

질문: 아이는 누구와 나갔는가?

   A 삼촌

   B 할아버지

   C 할머니

孩子 háizi 몡 아이 | 上午 shàngwǔ 몡 오전 | 奶奶* nǎinai 몡 할머니 | 动物园 dòngwùyuán 몡 동물원 | 熊猫* xióngmāo 몡 판다 | 叔叔* shūshu 몡 삼촌, 아저씨 | 爷爷* yéye 몡 할아버지

'和他奶奶去动物园(그의 할머니와 동물원에 가다)'이라고 했으므로 정답은 C입니다.

'ㅡ'는 '1, 하나'라는 뜻인데, 'ㅡ+명사'로 쓰면 '가득, 온통, 내내'라는 뜻을 나타냅니다.

妈妈做了一桌子菜。 엄마는 한 상 가득 음식을 했다.

你们要一路小心。 너희 (가는) 길 내내 조심해.

你怎么一脸担心地看着他？ 너는 어째서 걱정 가득한 얼굴로 그를 보느냐?

---

24 ★★

女: 你怎么现在才起来？该迟到了。 男: 我等会儿要去办点事儿，下午再去上班。 问: 男的为什么没上班？ 　A 发烧了 　B 不舒服 　C 有事情	여: 너 왜 이제서야 일어나니? 지각하겠어. 남: 나는 이따가 일을 좀 보고, 오후에 출근하려고. 질문: 남자는 왜 출근하지 않았는가? 　A 열이 나서 　B 몸이 아파서 　C 일이 있어서

起来* qǐlái 통 일어나다 | 该 gāi 조통 분명히 ~할 것이다 | 迟到* chídào 통 지각하다 | 等 děng 통 기다리다 | 一会儿* yíhuìr 부 잠시, 잠깐, 곧 | 办事 bàn shì 일을 보다 | 上班 shàngbān 통 출근하다 | 为什么 wèi shénme 때 왜, 어째서 | 发烧* fāshāo 통 열이 나다 | 舒服* shūfu 형 편하다, 상쾌하다 | 事情 shìqing 명 일

남자가 출근을 하지 않은 이유는 '等会儿要去办点事儿(이따가 일을 좀 본다)'이라고 했으므로 정답은 C입니다.

부사 '一会儿'는 '잠시, 잠깐'이라는 뜻으로, 다양한 형식으로 쓰여 시간의 양을 나타냅니다.

(1) '동사+(一)会儿'은 '잠시 (동안) ~하다'라는 의미입니다.

走一会儿吧。 잠시 걷자.

她在这儿坐了会儿，然后很快就走了。 그녀는 여기 잠깐 앉았다가 금세 가 버렸다.

(2) '一会儿+동사'는 '잠시 후에 ~하다'라는 의미입니다.

妈妈一会儿就回来。 엄마는 잠시 후에 돌아와요.

一会儿我有事。 잠시 후에 나는 일이 있다.

(3) '一会儿+동사/형용사+一会儿+동사/형용사'는 '~했다 ~했다 하다'라는 의미로, 반복적이고 순환적인 변화를 나타냅니다.

她有点不正常，一会儿笑一会儿哭。 그녀는 좀 이상하다. 웃었다 울었다 한다.

今天天气很奇怪，一会儿热一会儿冷。 오늘 날씨가 이상하다. 더웠다 추웠다 한다.

25 ★★

男: 服务员，<u>再给我拿一双筷子吧</u>，然后这瓶啤酒，我不想要了。 女: 好的，请您等一下，马上来。 问: 男的需要什么? 　A 筷子 　B 啤酒 　C 杯子	남: 저기요, 젓가락 한 벌 더 갖다주세요. 그리고 이 맥주 한 병은 필요 없어졌어요. 여: 네, 잠시만 기다려 주세요. 금방 가져다드릴게요. 질문: 남자는 무엇이 필요한가? 　A 젓가락 　B 맥주 　C 컵

服务员 fúwùyuán 명 종업원 | 拿* ná 통 (손에) 쥐다, 잡다, 가지다 | 筷子* kuàizi 명 젓가락 | 然后* ránhòu 접 그런 후에, 그 다음에 | 瓶 píng 양 병 | 啤酒* píjiǔ 명 맥주 | 需要* xūyào 통 ~해야 한다, 필요하다 | 杯子 bēizi 명 컵

남자가 '再给我拿一双筷子吧(젓가락 한 벌 더 갖다주세요)'라고 했으므로 정답은 A입니다. 맥주는 필요 없어졌다(然后这瓶啤酒，我不想要了)고 했으므로 B는 정답이 아닙니다.

26 ★★

女: 我觉得白色的鞋子好看。 男: 但是<u>黑色的穿起来很舒服</u>，还是买黑色的吧。 问: 男的是什么意思? 　A 白色的漂亮 　B 黑色的舒服 　C 买哪个都可以	여: 난 흰 신발이 예쁜 것 같아. 남: 하지만 검은 것이 신기에는 편해. 검은 것으로 사는 게 좋겠어. 질문: 남자는 무슨 의미인가? 　A 흰 것이 예쁘다 　B 검은 것이 편하다 　C 어느 것을 사도 괜찮다

白色 báisè 명 흰색 | 鞋子 xiézi 명 신발 | 穿 chuān 통 (옷을) 입다 | 还是* háishi 부 여전히, 아직도, ~하는 편이 좋다 | 意思 yìsi 명 의미 | 可以 kěyǐ 형 좋다, 괜찮다

여자는 흰 신발이 예쁘다(白色的鞋子好看)고 했고 남자는 검은 것이 신기에 편하다(黑色的穿起来很舒服)고 했으므로 정답은 B입니다.

✦**고득점 Tip** | 舒服와 方便

'舒服'와 '方便'은 둘 다 '편하다'라는 뜻입니다. 그런데 '舒服'는 '몸·마음 등이 편안하다'라는 뜻이고, '方便'은 '행동이 편리하다'라는 뜻으로 차이가 있습니다.

奶奶心里不舒服。 할머니는 마음이 불편했다.

这里买菜很方便。 이곳은 장을 보기에 편리하다.

男: 您好，请问离这儿最近的地铁站怎么走?

女: 你看见前面的图书馆了吗? 从那儿再向东走500米就到了。

问: 男的想去哪儿?

　　A 超市

　　B 图书馆

　　C 地铁站

남: 안녕하세요, 말씀 좀 여쭙겠습니다. 여기서 가장 가까운 지하철역에 어떻게 가나요?

여: 앞에 도서관이 보이세요? 거기서부터 동쪽으로 500m 더 가면 도착해요.

질문: 남자는 어디에 가고 싶은가?

　　A 마트

　　B 도서관

　　C 지하철역

离 lí 께 ~에서, ~로부터 | 最 zuì 부 가장, 제일 | 近 jìn 형 가깝다 | 地铁* dìtiě 명 지하철 | 站* zhàn 명 역, 정류장 | 前面 qiánmian 명 앞 | 图书馆* túshūguǎn 명 도서관 | 向* xiàng 께 ~쪽으로, ~을 향하여 | 东* dōng 명 동쪽 | 米* mǐ 양 미터 (m) | 超市* chāoshì 명 슈퍼마켓, 마트

남자의 '地铁站怎么走?(지하철역에 어떻게 가나요?)'라는 질문을 보아 정답은 C입니다. 도서관은 지하철역으로 가는 경로에 있는 곳으로 B는 함정입니다.

28

女: 小王，你查一下，下周日去上海的飞机票都有几点的?

男: 上午十点有一班，下午六点也有一班。

问: 女的让男的查什么?

　　A 机票

　　B 电子邮件

　　C 会议时间

여: 샤오왕, 다음 주 일요일에 상하이로 가는 비행기 표가 모두 몇 시 몇 시 것이 있는지 찾아봐 줄래요?

남: 오전 10시에 하나 있고, 오후 6시에도 하나 있어요.

질문: 여자가 남자에게 무엇을 찾아 보게 했는가?

　　A 항공권

　　B 이메일

　　C 회의 시간

查 chá 통 조사하다, 찾다 | 周日 zhōurì 명 일요일 | 上海 Shànghǎi 고유 상하이 [지명] | 班* bān 양 (교통 기관의) 운행표, 노선 | 让 ràng 통 ~하게 하다, ~하도록 시키다 | 机票 jīpiào 명 항공권 | 电子邮件* diànzǐ yóujiàn 명 전자 우편, 이메일 | 会议* huìyì 명 회의, 미팅 | 时间 shíjiān 명 시간

여자가 남자에게 상하이로 가는 비행기 표가 모두 몇 시 몇 시 것이 있는지(去上海的飞机票都有几点的)를 찾아봐 달라고 했으므로 정답은 A입니다.

✦고득점 Tip | 부사 都

부사 '都'는 일반적으로 복수 명사 뒤에 쓰이지만, 의문문에서는 '都+동사+복수명사'의 형식으로 쓰입니다.

三个人都知道这件事。 세 사람 모두 이 일을 안다.

你家都有几口人? 너희 집은 모두 몇 식구야?

你都吃过哪些菜? 너는 어떤 음식들을 먹어 봤니?

男：我上楼的时候，看见了一个头发长长的，眼睛大大的女孩儿。 女：你说的应该是小红，她是我们这儿刚搬来的。	남：내가 위층에 올라갔을 때, 머리가 길고 눈이 큰 여자아이를 봤어. 여：네가 말하는 것은 분명 샤오홍일 거야. 그녀는 이곳에 방금 이사 온 사람이야.
问：女的和小红是什么关系？ 　A 姐妹 　B 邻居 　C 同事	질문：여자와 샤오홍은 어떤 관계인가？ 　A 자매 　B 이웃 　C 동료

上楼 shàng lóu (위층으로) 올라가다 │ 眼睛 yǎnjing 몡 눈 │ 女孩儿 nǚháir 몡 여자아이, 소녀 │ 应该* yīnggāi 조통 분명히 ~할 것이다 │ 搬* bān 통 이사하다 │ 关系 guānxi 몡 관계 │ 姐妹 jiěmèi 몡 자매 │ 邻居* línjū 몡 이웃집, 이웃 사람

여자가 샤오홍은 이곳에 방금 이사 온 사람(她是我们这儿刚搬来的)이라고 했으므로 정답은 B입니다.

女：喂，您的声音能大点儿吗？我没听清楚。 男：我是说，您买的杯子到了，我放在门口了。	여：여보세요. 목소리를 좀 크게 해 주시겠어요? 잘 듣지 못했어요. 남：제 말은 당신이 구매한 컵이 도착해서 문 앞에 뒀다고요.
问：女的认为男的怎么样？ 　A 声音小 　B 很热情 　C 做事认真	질문：여자는 남자가 어떠하다고 생각하는가？ 　A 목소리가 작다 　B 친절하다 　C 일을 열심히 한다

喂 wéi 갑 여보세요 [원래 제4성이지만 통화할 때는 제2성으로 발음하기도 함] │ 声音* shēngyīn 몡 소리, 목소리 │ 清楚* qīngchu 혱 분명하다, 뚜렷하다 │ 门口 ménkǒu 몡 문 앞, 현관 │ 热情* rèqíng 혱 열정적이다, 친절하다

여자가 '您的声音能大点儿吗?(목소리를 좀 크게 해 주시겠어요?)'라고 한 데서 남자의 목소리가 작다(声音小)는 것을 알 수 있습니다. 정답은 A입니다.

31 ★★

男：你的电脑用多久了？	남 : 네 컴퓨터는 얼마나 오래 썼어?
女：快5年了，现在上网越来越慢了。	여 : 5년이 다 되어 가는데, 지금 인터넷이 점점 느려지고 있어.
男：那等会儿我给你看一下，哪儿出了问题。	남 : 그럼 이따가 어디에 문제가 생겼는지 내가 한번 봐 줄게.
女：太好了，谢谢你。	여 : 너무 잘됐다. 고마워.
问：男的要帮女的做什么？	질문: 남자는 여자를 도와 무엇을 하려고 하는가?
A 找手表	A 손목시계 찾기
B 复习考试	B 시험 준비하기
C 检查电脑	C 컴퓨터 검사하기

久* jiǔ 웹 오래다 ┃ 上网* shàngwǎng 통 인터넷을 하다 ┃ 越* yuè 틘 ~할수록 [越来越: 갈수록 ~하다] ┃ 慢 màn 웹 느리다 ┃ 问题 wèntí 몡 문제 ┃ 手表 shǒubiǎo 몡 손목시계 ┃ 复习* fùxí 통 복습하다 ┃ 考试 kǎoshì 몡 시험, 고사 ┃ 检查* jiǎnchá 통 검사하다

여자와 남자는 컴퓨터에 대해 이야기하고 있습니다. 여자가 컴퓨터의 인터넷이 점점 느려지고 있다(现在上网越来越慢了)고 하자, 남자가 한번 봐 주겠다(我给你看一下)고 했으므로 정답은 C입니다.

32 ★★★

女：老师，我想请一天假。	여 : 선생님, 하루 휴가 내고 싶어요.
男：怎么了，是生病了吗？	남 : 왜 그래, 아픈 거야?
女：是我奶奶住院了，我想去医院照顾一下她。	여 : 저희 할머니께서 입원하셨어요. 병원에 가서 할머니를 좀 보살펴 드리고 싶어요.
男：好，那快去吧。	남 : 알겠어. 그럼 빨리 가 봐.
问：女的为什么请假？	질문: 여자는 왜 휴가를 내는가?
A 想回家	A 집에 가고 싶어서
B 生病了	B 아파서
C 照顾奶奶	C 할머니를 보살피려고

请假* qǐngjià 통 휴가·조퇴·결석 등을 신청하다 ┃ 生病 shēngbìng 통 병이 나다, 아프다 ┃ 住院 zhùyuàn 통 입원하다 ┃ 医院 yīyuàn 몡 병원 ┃ 照顾* zhàogù 통 돌보다, 보살피다 ┃ 快 kuài 틘 빨리 ┃ 回家 huíjiā 통 집으로 돌아가다

휴가 내고 싶다(我想请一天假)는 여자의 말에 남자가 이유를 물었을 때(怎么了), 여자는 할머니(奶奶)께서 입원하셔서 보살펴 드리고 싶다(我想去医院照顾一下她)고 했으므로 정답은 C입니다.

33 ★★

男：你看到我的那个绿色笔记本了吗？	남：너 나의 그 녹색 공책을 봤니？
女：你不是天天把它放在包里吗？	여：너는 매일 그것을 가방에 넣어 두지 않아？
男：是啊，但是今天不见了。	남：맞아, 그런데 오늘 안 보이네.
女：好好想一想，最后一次是在哪儿用的。	여：마지막으로 어디에서 썼는지 잘 생각해 봐.
问：男的在找什么？	질문：남자는 무엇을 찾고 있는가？
A 包	A 가방
B 手机	B 휴대폰
C 笔记本	C 공책

绿色 lǜsè 명 초록색 ｜ 笔记本* bǐjìběn 명 공책, 수첩 ｜ 包* bāo 명 가방, 파우치 ｜ 最后* zuìhòu 명 맨 마지막, 최후 ｜ 次 cì 양 차례, 번

'笔记本'은 '공책, 수첩' 혹은 '노트북 컴퓨터'를 뜻합니다. 이 문제에서 쓰인 의미가 공책인지 컴퓨터인지 명확하지 않지만 남자의 '你看到我的那个绿色笔记本了吗？(너 나의 그 녹색 공책을 봤니？)'라는 질문에서 보아 C가 정답이라는 것을 알 수 있습니다. 가방(包)은 지금 찾고 있는 물건이 아니라, '笔记本'을 항상 넣어 두던 곳이므로 A는 정답이 아닙니다.

고득점 Tip | 동사 중첩

동사를 중첩하면 동작이나 행위의 지속 시간이 짧거나, 시도한다는 의미를 나타냅니다. 중첩의 형태는 동사의 음절 수에 따라 달라지는데 1음절 동사는 AA, 2음절 동사는 ABAB 형태로 중첩합니다. 1음절 동사는 동사 사이에 '一'를 쓸 수 있지만, 2음절 동사는 쓸 수 없습니다. 또한 '见面, 帮忙, 聊天, 爬山, 刷牙, 洗澡'와 같이 동사와 목적어가 하나의 단어로 굳어진 이합사는 AAB 형태로 중첩합니다.

看一看 좀 보다 ｜ 想一想 좀 생각하다 ｜ 比较比较 좀 비교하다 ｜ 照顾照顾他 그를 좀 돌보다 ｜ 见见面 좀 만나다

34 ★★

女：医生，我下周能出院吗？	여：의사 선생님, 저 다음 주에 퇴원할 수 있을까요？
男：过了这个星期才能知道。	남：이번 주가 지나야 알 수 있어요.
女：下周有一个非常重要的面试，我想去参加。	여：다음 주에 아주 중요한 면접이 하나 있는데 참가하고 싶어요.
男：那现在就更应该注意休息了。	남：그럼 이제 휴식에 더 신경 써야겠네요.
问：他们是什么关系？	질문：그들은 어떤 관계인가？
A 男女同事	A 남녀 동료
B 医生和病人	B 의사와 환자
C 丈夫和妻子	C 남편과 아내

医生 yīshēng 명 의사 ｜ 下周 xià zhōu 명 다음 주 ｜ 出院 chūyuàn 동 퇴원하다 ｜ 过* guò 동 지나다 ｜ 面试 miànshì 명 면접 ｜ 参加* cānjiā 동 참가하다, 참석하다 ｜ 注意* zhùyì 동 주의하다 ｜ 休息 xiūxi 동 쉬다, 휴식하다 ｜ 病人 bìngrén 명 환자 ｜ 丈夫 zhàngfu 명 남편 ｜ 妻子 qīzi 명 아내

여자가 남자를 '医生(의사 선생님)'이라고 불렀고, 다음 주에 퇴원할 수 있는지(我下周能出院吗?) 묻는 것으로 보아 여자는 현재 입원 중인 환자임을 알 수 있습니다. 따라서 둘의 관계는 의사와 환자이므로 정답은 B입니다. 여자가 다음 주에 퇴원하고 싶은 이유는 면접(面试)을 보러 가려는 것이지만, 이 대화가 회사에서 이루어지고 있는 것이 아니므로 A는 정답이 아닙니다.

35 ★★

男: 你上学的时候，什么课的成绩最好？	남: 당신은 학교 다닐 때 어느 과목의 성적이 제일 좋았어요?
女: 我记得我数学比较好，从小开始就对数学感兴趣。	여: 저는 수학을 꽤 잘했던 기억이 나요. 어릴 때부터 수학에 흥미가 있었어요.
男: 那你看看这道题该怎么算？	남: 그럼 이 문제는 어떻게 계산해야 하는지 좀 보세요.
女: 好，我看一下。	여: 그래요. 제가 좀 볼게요.
问: 女的为什么数学成绩好？	질문: 여자는 왜 수학 성적이 좋았는가?
A 记得快	A 빨리 기억할 수 있었다
B 感兴趣	B 흥미가 있었다
C 不喜欢别的课	C 다른 과목을 좋아하지 않았다

上学 shàngxué 통 등교하다 | 课 kè 명 수업 과목 | 成绩* chéngjì 명 성적 | 记得* jìde 통 기억하고 있다, 잊지 않고 있다 | 数学* shùxué 명 수학 | 比较* bǐjiào 부 비교적, 꽤 | 从小 cóngxiǎo 부 어릴 때부터 | 对 duì 개 ~에 대해서 | 感兴趣* gǎn xìngqù 관심이 있다, 흥미가 있다 | 道 dào 양 [문제를 세는 단위] | 题 tí 명 문제 | 算 suàn 통 계산하다 | 记 jì 통 기억하다 | 快 kuài 형 빠르다

여자가 수학 성적이 좋았던 이유는 어릴 때부터 수학에 흥미가 있었기 때문(从小开始就对数学感兴趣)입니다. 정답은 B입니다.

36 ★★

女: 您好，能帮我找一下，这个颜色的裙子，还有裤子吗？	여: 안녕하세요. 이 색깔의 치마, 그리고 바지를 좀 찾아 주실 수 있나요?
男: 请问需要多大号的？	남: 사이즈가 어떻게 되세요?
女: 都是中号就行。	여: 다 중간 사이즈면 돼요.
男: 好的，我这就给您找。	남: 네, 바로 찾아 드릴게요.
问: 除了裤子，女的还需要什么？	질문: 바지 외에 여자는 또 무엇이 필요한가?
A 鞋	A 신발
B 帽子	B 모자
C 裙子	C 치마

颜色 yánsè 명 색, 색깔 | 裙子* qúnzi 명 치마 | 还 hái 부 또, 더 | 号 hào 명 호, 사이즈 | 这就 zhè jiù 이제, 곧 | 帽子* màozi 명 모자

여자는 남자에게 치마(裙子)와 바지(裤子)를 찾아 달라고 했으므로 정답은 C입니다.

37 ★★

男: 你已经出发了吗?

女: 出发了, 马上到机场了。

男: 对不起, 今天要上班, 不能去送你, 你自己小心。

女: 没关系, 下次再见。

问: 男的为什么没去送女的?

　　A 没有车

　　B 在国外

　　C 去工作了

남: 당신 벌써 출발했어요?

여: 출발했어요. 곧 공항에 도착해요.

남: 미안해요. 오늘 출근해야 해서 당신을 배웅하러 가지 못해요. 조심해요.

여: 괜찮아요. 다음에 또 봐요.

질문: 남자는 왜 여자를 배웅하러 가지 않았는가?

　　A 차가 없어서

　　B 해외에 있어서

　　C 일하러 가서

已经 yǐjīng 🖣 이미, 벌써 | 出发 chūfā 🖲 출발하다 | 机场 jīchǎng 🖲 공항 | 自己* zìjǐ 🖽 자기, 자신, 스스로 | 小心* xiǎoxīn 🖲 조심하다 | 再见 zàijiàn 🖲 또 뵙겠습니다 | 国外 guówài 🖲 외국, 해외 | 工作 gōngzuò 🖲 일하다

남자가 오늘 출근해야 해서 배웅하러 가지 못한다(今天要上班, 不能去送你)고 했으므로 정답은 C입니다.

38 ★★

女: 房子找好了吗? 什么时候搬?

男: 这个月末搬。

女: 找搬家公司了吗?

男: 没有, 有几个朋友, 他们说会来帮忙。

问: 男的月末要做什么?

　　A 搬家

　　B 送人

　　C 结婚

여: 집은 찾았어? 언제 이사해?

남: 이달 말에 이사해.

여: 이삿짐센터는 찾았어?

남: 아니, 친구 몇 명이 도우러 올 거라고 했어.

질문: 남자는 월말에 무엇을 하려고 하는가?

　　A 이사한다

　　B 배웅한다

　　C 결혼한다

房子 fángzi 🖲 집, 건물 | 月末 yuèmò 🖲 월말 | 公司 gōngsī 🖲 회사 | 朋友 péngyou 🖲 친구 | 帮忙* bāngmáng 🖲 돕다 | 结婚* jiéhūn 🖲 결혼하다

녹음 앞부분에 등장한 '搬'은 '옮기다'라는 뜻이 아닌 '이사하다'라는 뜻으로 쓰였습니다. 또한 여자가 이삿짐센터는 찾았냐 (找搬家公司了吗?)고 묻는 데서 남자가 이사한다는 것을 다시 한번 확인할 수 있습니다. 정답은 A입니다.

39 ★★★

男: 你想去总公司这件事儿, 和经理说了吗?

女: 说了, 他不同意。

男: 为什么?

女: 他说我太年轻了, 让我再锻炼一两年。

남: 너 본사에 가고 싶다는 일은 팀장이랑 얘기했니?

여: 말했는데 팀장이 동의하지 않았어.

남: 왜?

여: 팀장 말로는 내가 너무 젊다고 해. 나에게 1, 2년 더 단련하게 했어.

问：女的为什么不能去总公司？
 	
   A 还需要锻炼
 	
   B 换了新经理
 	
   C 女的做错事了
	질문: 여자는 왜 본사에 갈 수 없는가?
	
	   A 아직 단련이 필요해서
	
	   B 새 팀장으로 바뀌어서
	
	   C 여자가 일을 잘못해서

总公司 zǒnggōngsī 圆 본사 ┃ 同意* tóngyì 통 동의하다, 찬성하다 ┃ 年轻* niánqīng 圈 젊다, 어리다 ┃ 锻炼* duànliàn 통 (몸·마음 등을) 단련하다 ┃ 错 cuò 圈 틀리다, 잘못되다

본사에 가고 싶다는 여자의 말에 팀장은 동의하지 않는데(他不同意), 그 이유로 여자가 너무 젊어서 1, 2년 더 단련해야 함(他说我太年轻了，让我再锻炼一两年)을 들었습니다. 따라서 정답은 A입니다.

✦고득점 Tip | 总

'总'은 HSK 3급 필수 단어 '总是(늘, 항상)'의 줄임말로 쓰이기도 하지만, 명사 앞에서 '총' 혹은 '본'이라는 뜻으로 쓰이기도 합니다.

为什么总哭? 왜 늘 울어요?

总经理 사장, 총지배인 ┃ 总会 총회 ┃ 总店 본점 ┃ 总公司 본사

---

40 ★★

女：你在看什么节目？
 	
男：这是一个介绍动物的节目。
 	
女：介绍什么动物？
 	
男：今天是介绍大熊猫，你看它们在睡觉，
    多可爱啊！
	여: 너는 무슨 프로그램을 보고 있어?
	
	남: 이건 동물을 소개하는 프로그램이야.
	
	여: 어떤 동물을 소개해?
	
	남: 오늘은 판다를 소개하고 있어. 판다들이 자고 있는
	    것을 봐. 얼마나 귀여운지!

问：男的在看关于什么的节目？
 	
   A 一周天气
 	
   B 学习方法
 	
   C 介绍动物
	질문: 남자는 무엇에 관한 프로그램을 보고 있는가?
	
	   A 한 주의 날씨
	
	   B 학습법
	
	   C 동물 소개

节目* jiémù 圆 프로그램 ┃ 动物* dòngwù 圆 동물 ┃ 睡觉 shuìjiào 통 잠을 자다 ┃ 可爱* kě'ài 圈 귀엽다, 사랑스럽다 ┃ 关于* guānyú 꽤 ~에 관하여 ┃ 方法 fāngfǎ 圆 방법, 수단

남자가 보고 있는 프로그램은 동물을 소개하는 프로그램(这是一个介绍动物的节目)이라고 했으므로, 정답은 C입니다.

二、阅读 독해

제1부분 41~50번은 주어진 문장과 어울리는 보기를 선택하는 문제입니다.

41-45

A 别难过，以后还有机会。	A 괴로워하지 마. 나중에 또 기회가 있어.
B 你怎么一直都一边听音乐一边写作业？	B 너는 왜 계속 음악을 들으면서 숙제를 하니?
C 爬山的时候帽子被风刮走了。	C 등산할 때 모자가 바람에 날아가 버렸어.
D 没问题，我来中国已经十年了。	D 문제없어요. 중국에 온 지 벌써 10년인걸요.
E 当然。我们先坐公共汽车，然后换地铁。	E 당연하지. 우리는 먼저 버스를 타고 지하철로 갈아타.
F 路上自行车坏了，只能走回来。	F 오는 길에 자전거가 고장 나서 걸어올 수밖에 없었어.

41 ★★★

A: 不好意思，我这儿只有筷子，你习惯用它吃饭吗？	A: 죄송하지만 저희 집에는 젓가락밖에 없어요. 당신은 이것으로 밥 먹는 것이 익숙한가요?
B: (D 没问题，我来中国已经十年了。)	B: (D 문제없어요. 중국에 온 지 벌써 10년인걸요.)

不好意思 bù hǎoyìsi 미안합니다 │ 只* zhǐ ⑵ 단지, 다만 │ 吃饭 chī fàn 밥을 먹다, 식사를 하다

젓가락(筷子)은 중국을 비롯한 아시아 국가에서 쓰는 식사 도구이므로 이런 아시아 문화에 익숙하지 않은 외국인에게 묻는 내용임을 짐작할 수 있습니다. D가 맥락상 가장 적합합니다.

42 ★★

A: (B 你怎么一直都一边听音乐一边写作业？)	A: (B 너는 왜 계속 음악을 들으면서 숙제를 하니?)
B: 我从小学就这样，已经习惯了。	B: 나는 초등학교 때부터 이래서 벌써 습관이 됐어.

一直* yìzhí ⑵ 줄곧, 내내 │ 一边* yìbiān ⑵ ~하면서 │ 音乐* yīnyuè ⑲ 음악

B의 '作业(숙제)'와 문제의 '小学(초등학교)'가 연관 단어입니다. B가 맥락상 가장 적합합니다.

43 ★★

A: 这次考试又没有考上。	A: 이번 시험에 또 합격하지 못했어.
B: (A 别难过，以后还有机会。)	B: (A 괴로워하지 마. 나중에 또 기회가 있어.)

别 bié ⑵ ~하지 마라 │ 难过* nánguò ⑱ 괴롭다, 슬프다 │ 机会* jīhuì ⑲ 기회

'难过(괴롭다)'는 '难(~하기 어렵다)'과 '过(시간을 보내다)'가 합쳐져 '(하루하루를) 보내기 어렵다, 괴롭다'라는 뜻입니다. 시험에 합격 못한 것이 괴로운 사건이기 때문에 A가 답으로 적절합니다.

A: 你看起来很累，怎么了？ B: (F 路上自行车坏了，只能走回来。)	A: 너 피곤해 보인다. 무슨 일이야? B: (F 오는 길에 자전거가 고장 나서 걸어올 수밖에 없었어.)

累 lèi 형 피곤하다 ┃ 路 lù 명 길, 도로 ┃ 自行车* zìxíngchē 명 자전거 ┃ 坏* huài 동 상하다, 고장 나다 ┃ 只能 zhǐ néng ～할 수밖에 없다

'累(피곤하다)'와 자전거가 고장 나서 걸어왔다는 내용이 잘 어울리므로 맥락상 F가 가장 적합합니다. '看起来(보기에 ～하다, ～해 보이다)'는 자주 쓰이는 표현이므로 꼭 기억해 둡시다.

A: (C 爬山的时候帽子被风刮走了。) B: 旧的不去，新的不来。我送你一个新的。	A: (C 등산할 때 모자가 바람에 날아가 버렸어.) B: 헌것이 가야 새것이 오는 법이야. 내가 새것을 하나 선물해 줄게.

爬山* pá shān 등산하다

정답인 C는 '주어+被+목적어+동사' 형식의 '被'자문으로 [주어]가 [목적어]에 의해 [동사]되다'라는 뜻입니다. C의 '帽子被风刮走了(모자가 바람에 날아가 버리다)' 다음에 새것을 선물하겠다는 내용으로 이어지는 대화가 자연스럽습니다.

고득점 Tip ┃ 不+동사1+不+동사2

'不+동사1+不+동사2'는 '(만약) ～하지 않으면 ～하지 않는다'라는 의미입니다.

不见不散　만나지 않으면 흩어지지 않는다. (만날 때까지 기다린다.)

不醉不归　취하지 않으면 귀가하지 않는다. (취할 때까지 마신다.)

旧的不去，新的不来。헌것이 가지 않으면 새것이 오지 않는다. (헌것이 가야 새것이 오는 법이다.)

A 我的爱好很多，我喜欢画画，也喜欢踢足球。 B 站在她们中间的人是谁？ C 不了，已经饱了，我想喝一杯可乐。 D 哪儿啊，是昨天在超市买的。 E 经理，我生病了，我想请一天假。	A 저는 취미가 많아요. 저는 그림 그리기를 좋아하고, 축구하는 것도 좋아해요. B 그녀들 사이에 서 있는 사람은 누구야? C 아닙니다. 벌써 배가 불러요. 저는 콜라를 한 잔 마시고 싶어요. D 무슨, 어제 슈퍼마켓에서 산 거야. E 팀장님, 아파서 하루 휴가를 내고 싶습니다.

46 ★★

A: （ B 站在她们中间的人是谁？）	A: （ B 그녀들 사이에 서 있는 사람은 누구야? ）
B: 你是说小张旁边的那个？他是我的同事。	B: 샤오장 옆의 저 사람 말이야? 그는 내 동료야.
中间* zhōngjiān 명 중간, 사이 ｜ 旁边 pángbiān 명 옆, 곁, 근처	

문제는 어떤 사람에 대해 서술하고 있으므로, 사람에 대해 묻는 의문사 '谁(누구)'가 있는 B가 맥락상 적절합니다.

47 ★★

A: 这个面包太好吃了，是你自己做的？	A: 이 빵 너무 맛있다. 네가 직접 만든 거야?
B: （ D 哪儿啊，是昨天在超市买的。）	B: （ D 무슨, 어제 슈퍼마켓에서 산 거야. ）
面包* miànbāo 명 빵 ｜ 昨天 zuótiān 명 어제	

'是……的' 문형으로 질문하면 '是……的' 문형으로 대답해야 합니다. 또한 문제에서 빵(面包)에 대해 물었는데, 이는 슈퍼마켓에서 샀다(在超市买的)는 D의 내용으로 대화가 자연스럽게 연결됩니다. '哪儿'은 '어디'라는 뜻으로 장소를 묻는 의문사인데, '어디 그러하냐, 아니다'라는 뜻의 반어 표현으로도 많이 쓰입니다.

✦ **고득점 Tip** ｜ 반어 표현

'哪儿' '哪里' 등의 의문사는 반어 표현으로 부정의 의미를 강조할 수 있습니다.

他哪儿能知道？ 그가 어디 알 수 있겠습니까? (그는 알지 못한다.)

A: 谢谢你帮忙。 도와주셔서 감사합니다.　　　　B: 哪儿的话。 그런 말씀 마세요.

A: 你真聪明。 너 정말 똑똑하구나.　　　　　　B: 哪里哪里。 아닙니다.

48 ★★

A: 你对什么比较感兴趣？	A: 당신은 무엇에 관심이 있는 편인가요?
B: （ A 我的爱好很多，我喜欢画画，也喜欢踢足球。）	B: （ A 저는 취미가 많아요. 저는 그림 그리기를 좋아하고, 축구하는 것도 좋아해요. ）
爱好* àihào 명 취미 ｜ 画画(儿)* huà huà(r) 그림을 그리다 ｜ 踢足球 tī zúqiú 축구하다	

'感兴趣(관심이 있다, 좋아한다)'라는 물음이 '爱好(취미, 좋아하는 것)'로 자연스럽게 연결되는 A가 정답입니다.

49 ★★★

A: （ E 经理，我生病了，我想请一天假。）	A: （ E 팀장님, 아파서 하루 휴가를 내고 싶습니다. ）
B: 好的，最近天气变化很大，要多注意身体。	B: 그래요. 요즘 날씨 변화가 크니 몸 조심해야 해요.
变化* biànhuà 명 변화 ｜ 身体 shēntǐ 명 몸	

E의 '生病(아프다)' '请假(휴가 내다)'가 문제의 '注意身体(몸 조심하다)'와 맥락상 어울리므로 정답은 E입니다. 또 '经理(팀장)'와 '请假(휴가 내다)'를 보고 회사에서 이루어지는 대화라는 것을 알 수 있는데, '好的(그래요)'는 사무적인 관계에서 가볍게 동의할 때 쓰는 표현입니다.

| A: 还有很多菜没上，你再吃点儿吧。 | A: 아직 나오지 않은 음식이 많으니, 조금 더 드세요. |
| B: （ C 不了，已经饱了，我想喝一杯可乐。） | B: （ C 아닙니다. 벌써 배가 불러요. 저는 콜라를 한 잔 마시고 싶어요. ） |

上菜 shàng cài 요리를 내다 | 饱* bǎo 형 배부르다 | 喝 hē 동 마시다 | 杯 bēi 양 잔, 컵 | 可乐 kělè 명 콜라

문제에서 음식을 권하고 있으므로(你再吃点儿吧), 이를 사양하는 C가 맥락상 적절합니다. '多+동사'는 '더 ~해라'라는 뜻으로 권유를 나타내는데, 이에 대한 거절의 의미로 '不了(아닙니다)'를 사용할 수 있습니다.

제2부분 51~60번은 문장 속 빈칸에 들어갈 보기를 선택하는 문제입니다.

51 - 55

A 张* zhāng 양 장, 개	B 重要* zhòngyào 형 중요하다
C 瘦* shòu 형 마르다, 야위다	D 礼物* lǐwù 명 선물
E 声音* shēngyīn 명 소리, 목소리	F 习惯* xíguàn 명 습관, 풍속

| 学习虽然（ B 重要 ），但是也不能让学习影响健康。 | 공부가 비록 （ B 중요하지만), 공부가 건강에 영향을 주게 해서도 안 된다. |

影响* yǐngxiǎng 동 영향을 주다, 지장을 주다 | 健康* jiànkāng 형 건강하다

'学习(공부, 학습)'가 주어이므로, 빈칸에는 술어가 들어가야 합니다. 보기 중 술어로 쓸 수 있는 것은 형용사인 '重要(중요하다)'와 '瘦(마르다, 야위다)'인데 맥락상 자연스러운 것은 B '重要'입니다.

✦고득점 Tip | 전환의 但是

'但是'는 뒤 절에 쓰는 접속사로 '그러나, 하지만'이라는 뜻입니다. 앞 절에 주로 '虽然'을 함께 씁니다.

他虽然个子很高，但是篮球打得不太好。 그는 비록 키가 크지만, 농구를 그다지 잘하지 못한다.

我吃了药，但感冒还没好。 나는 약을 먹었지만, 감기가 아직 낫지 않았다.

| 朋友结婚，这个小家电可能是很好的（ D 礼物 ）。 | 친구가 결혼하는데, 이 소형 가전제품이 아마 좋은 （ D 선물)일 것이다. |

家电 jiādiàn 명 가전제품

빈칸 앞에 조사 '的'가 있으므로 빈칸에는 '好(좋다)'의 수식을 받는 명사가 들어가야 함을 알 수 있습니다. 보기 중 명사는 '礼物(선물)'와 '声音(소리)'이 있는데, 친구가 결혼한다는 내용을 살펴봤을 때 소형 가전제품을 선물로 주려는 것을 알 수 있습니다. 따라서 정답은 D입니다.

---

53 ★★★

因为工作越来越忙，她最近（ C 瘦 ）了很多。	일이 갈수록 바빠져서, 그녀는 요즘 많이 (C 야위었다).

'형용사+了很多'는 '많이 ~해졌다'라는 뜻입니다. 예를 들어 '冷了很多。(많이 추워졌다.)' '好了很多。(많이 좋아졌다.)'와 같이 씁니다. 따라서 빈칸에는 형용사가 들어가야 하는데 보기 중 형용사는 '重要(중요하다)'와 '瘦(마르다, 야위다)'입니다. 그중 일이 갈수록 바빠진다는 맥락상 C가 답으로 적합합니다.

고득점 Tip | 越来越

'越来越+형용사' 형식은 '갈수록 ~하다'라는 뜻입니다. '来' 대신에 동사나 형용사를 써서 '越+동사/형용사+越+형용사' 형식으로도 많이 쓰는데 '~할수록 ~하다'라는 뜻입니다.

越来越快 갈수록 빠르다   越来越难了 갈수록 어려워진다

越吃越饿 먹을수록 배고프다   越多越好 많을수록 좋다

---

54 ★★★

中秋节晚上和家人一起看月亮，是中国人的（ F 习惯 ）。	추석 저녁에 가족들과 함께 달을 보는 것은, 중국인의 (F 풍속)이다.

中秋节 Zhōngqiūjié 몡 추석, 중추절 | 晚上 wǎnshang 몡 저녁, 밤 | 家人 jiārén 몡 가족, 식구 | 月亮* yuèliang 몡 달

'的'는 수식하는 관형어와 수식받는 중심어를 연결하는 조사로, '的' 뒤에는 대부분 명사가 쓰입니다. 주어인 '中秋节晚上和家人一起看月亮(추석 저녁에 가족들과 함께 달을 보는 것)'을 설명할 수 있는 F가 빈칸에 적절합니다. '习惯'은 '(개인의) 습관'이라는 뜻뿐만 아니라 '(문화적인) 풍속'이라는 뜻도 있습니다.

---

55 ★★

请大家把班级和姓名写在这（ A 张 ）纸的后面。	모두 반과 이름을 이 한 (A 장)의 종이 뒷면에 쓰세요.

大家 dàjiā 몡 모두, 다들 | 班级* bānjí 몡 반, 학급 | 姓名 xìngmíng 몡 성명, 성과 이름 | 纸 zhǐ 몡 종이

종이와 같이 면적이 넓은 물건을 세는 양사는 '张(장)'입니다.

位 wèi 분, 명 [사람을 높여 세는 단위]
一位老师 선생님 한 분 | 三位老人 노인 세 분

双 shuāng 벌, 켤레, 쌍 [두 개가 하나의 쌍을 이루는 물건을 세는 단위]
一双鞋 신발 한 켤레 | 一双筷子 젓가락 한 벌

只 zhī ① 마리 [동물을 세는 단위] ② 짝, 개 [쌍을 이루는 것 중 하나를 세는 단위]
一只狗 개 한 마리 | 一只鞋 신발 한 짝

种 zhǒng 종, 개 [종류를 세는 단위]
一种水果 일종의 과일 | 这种自行车 이런 종류의 자전거

把 bǎ 개 [손잡이가 있는 물건을 세는 단위]
一把椅子 의자 한 개 | 那把伞 그 우산

口 kǒu 명 [식구 수를 세는 단위]
我家一共有四口人。 우리 집은 총 네 식구이다.

辆 liàng 대 [차량을 세는 단위]
这辆红色汽车 이 빨간색 자동차

---

56 - 60

A 种* zhǒng 양 종, 개 [종류를 세는 단위]	B 迟到* chídào 통 지각하다
C 刚才* gāngcái 명 방금, 막	D 爱好* àihào 명 취미
E 除了* chúle 접 ~ 외에, ~을 제외하고	F 音乐会* yīnyuèhuì 명 음악회, 콘서트

---

56 ★★★

A: (E 除了)李阳不会骑，其他的学生都骑得很好。 B: 那应该多帮助李阳学骑自行车。	A: 리양이 못 타는 것 (E 외에) 다른 학생들은 다 잘 타요. B: 그럼 리양이 자전거 타기를 배우도록 더 도와줘야 하겠네요.

骑* qí 통 (동물이나 자전거 등에) 타다 | 帮助 bāngzhù 통 돕다

접속사 '除了'는 '~외에, ~을 제외하고'라는 뜻으로 뒤에 부사 '都'나 '也'와 함께 쓰는 경우가 많습니다. '除了A, 都B'로 쓰이면 'A를 제외하고 모두 B하다'라는 뜻이고, '除了A, 也B'로 쓰이면 'A 외에도 B하다'라는 뜻입니다. 이 문제에서는 리양만 자전거를 못 타고, 다른 학생들은 자전거를 잘 탄다고 했으므로 '除了A, 都B' 형식으로 썼습니다.

고득점 **Tip** | 예문 더 보기

除了西瓜以外，我都爱吃。 수박 외에 나는 다 좋아해. [수박은 제외됨]
除了西瓜以外，我也爱吃苹果。 수박 외에 나는 사과도 좋아해. [수박도 포함됨]

57 ★★

A: 机场的人（ C 刚才 ）打来电话说，因为刮大风，飞机不能起飞了。

B: 那明天早上能坐飞机吗？

A: 공항 사람이 （ C 방금 ） 전화해서, 바람이 많이 불어서 비행기가 이륙할 수 없다고 말했어요.

B: 그럼 내일 아침에는 비행기를 탈 수 있을까요？

打电话 dǎ diànhuà 전화를 걸다 | 刮风* guā fēng 바람이 불다 | 早上 zǎoshang 몡 아침 | 坐 zuò 통 (교통수단을) 타다

주어인 '人(사람)'과 동사 술어인 '打(전화하다)' 사이에 있는 빈칸에는 술어를 수식하는 부사어가 들어갈 수 있습니다. 빈칸에는 부사 외에 '今天(오늘)' '早上(아침)' '9点半(9시 반)'과 같은 시간명사도 쓸 수 있습니다. 보기 중 시간명사인 '刚才(방금)'가 빈칸에 들어갈 답으로 적합합니다.

58 ★★

A: 你要买哪个？

B: 我觉得这几（ A 种 ）面包都很好吃，真不知道该买哪个了。

A: 어떤 것을 사실 건가요？

B: 이 몇 （ A 가지 ） 빵이 다 맛있어서 어느 것을 사야 할지 정말 모르겠어요.

该 gāi 조통 마땅히 ～해야 한다 [=应该]

'지시대사(+수사)+양사+명사'의 형식을 안다면 쉽게 답을 찾을 수 있는 문제입니다. 수사와 명사 사이에는 양사가 들어가야 하므로, A가 정답입니다.

59 ★★

A: 现在已经9点15分钟了，你又（ B 迟到 ）了。

B: 对不起，以后一定注意了。

A: 지금 이미 9시 15분이에요. 당신은 또 （ B 지각했어요 ）.

B: 죄송합니다. 앞으로 반드시 주의하겠습니다.

分钟 fēnzhōng 분

빈칸 앞에는 주어 '你'와 부사 '又'가 있으므로, 빈칸에는 술어가 들어가야 합니다. 보기 중 유일한 동사는 B '迟到(지각하다)'입니다. 빈칸 앞에서 '现在已经9点15分钟了(지금 이미 9시 15분이에요)'라고 한 데서 시간이 이미 늦었음을 알 수 있으므로 맥락으로도 '迟到'가 답임을 알 수 있습니다.

⁺고득점 Tip | 对不起와 不好意思

'对不起'와 '不好意思'는 모두 '미안하다'라는 뜻이지만, '对不起'는 큰 잘못을 공식적으로 사과할 때 주로 쓰고, '不好意思'는 미안하거나 난처한 경우 가볍게 사과하는 표현입니다.

对不起，这都是我的错。 미안합니다. 이건 모두 제 잘못입니다.

不好意思，我要先走了。 미안해요. 먼저 가 볼게요.

'对不起'는 동사이므로 목적어를 쓸 수 있는 것에 반해, '不好意思'는 형용사이므로 목적어를 쓸 수 없습니다.

我对不起父母。 나는 부모님께 죄송하다.

她笑得不好意思了。 그녀는 민망하게 웃었다.

A: 这个周末有什么打算吗? B: 我打算周末晚上去听(F 音乐会)。	A: 이번 주말에는 무슨 계획이 있어? B: 나는 주말 저녁에 (F 음악회)에 갈 생각이야.

打算* dǎsuàn 몡 생각, 계획 통 계획하다

HSK 3급 필수 단어 '音乐(음악)'와 '会议(회의)'를 알면 '音乐会'가 '음악회'를 뜻한다는 것을 쉽게 알 수 있습니다. 우리말에서 '음악회'는 '가다'라는 동사와 어울리지만 중국어에서는 '音乐会'의 동사로 '听(듣다)'을 씁니다. 중국어에서는 음악회, 콘서트(演唱会), 오페라(歌剧), 뮤지컬(音乐剧) 등 음악이 주가 되는 공연을 본다고 할 때 '看'이 아닌 '听'을 쓰는 경우가 많습니다.

✦**고득점 Tip** | 예문 더 보기

我打算周末晚上去听音乐会。 주말 저녁에 음악회에 갈 생각이야.

如果你想去听她的演唱会，先得买票。 그녀의 콘서트를 보러 가고 싶으면, 먼저 표를 사야 한다.

爷爷一边听着京剧，一边喝茶。 할아버지는 경극을 보면서 차를 마셨다.

제3부분 61~70번은 단문을 읽고 질문에 알맞은 보기를 선택하는 문제입니다.

今年3月26号，妈妈生了弟弟。他还不到半岁，当然还不会说话，饿了就哭。 ★ 她弟弟: 　A 爱说话 　B 已经半岁了 　C 生日是3月26号	올해 3월 26일, 엄마는 남동생을 낳으셨다. 동생은 아직 6개월도 안 됐다. 당연히 아직 말을 못하고, 배고프면 바로 운다. ★ 그녀의 남동생은: 　A 말이 많다 　B 벌써 6개월이 됐다 　C 생일이 3월 26일이다

弟弟 dìdi 몡 남동생 | 半* bàn ㈜ 절반, 2분의 1 | 当然* dāngrán 闸 당연히, 물론 | 说话 shuōhuà 통 말하다 | 饿* è 톙 배고프다 | 哭* kū 통 (소리 내어) 울다

3월 26일에 엄마가 남동생을 낳았다(今年3月26号，妈妈生了弟弟)고 했으므로 남동생의 생일은 3월 26일입니다. '半岁(6개월)'가 언급되지만 그 앞에 '不到(어떤 시간·장소·수준에 이르지 않다)'가 있기 때문에 남동생은 태어난 지 아직 6개월이 안 되었고, 아직 말을 못한다(还不会说话)고 했으므로 A, B는 정답이 아닙니다. 'A了就B'는 'A하면 바로 B하다'라는 뜻의 고정 형식입니다.

✦**고득점 Tip** | 예문 더 보기

她来了就知道了。 그녀는 와 보면 바로 알 겁니다.

小黄，到了就来个电话。 샤오황, 도착하면 바로 전화 한 통 해.

东西用完了就放回去吧。 물건을 다 썼으면 바로 (제자리에) 가져다 놔라.

62 ★★

今天天气真的太冷了，我不想出门吃饭了，我们还是在家做点儿什么，简简单单吃吧。

오늘 날씨가 정말 너무 춥다. 나는 밥 먹으러 나가기 싫어졌어. 우리 집에서 뭔가 만들어서 간단하게 먹자.

★ 她要怎么做?

　A 不吃饭

　B 出去吃饭

　C 做简单的菜吃

★ 그녀는 어떻게 하고 싶은가?

　A 밥을 먹지 않는다

　B 나가서 밥을 먹는다

　C 간단한 음식을 만들어 먹는다

出门 chūmén 통 외출하다, 집을 나서다 | 还是* háishi 문 그래도 ~하는 게 낫다 | 简单* jiǎndān 형 쉽다, 간단하다

부사 '还是'는 '그래도 ~하는 게 낫다'라는 뜻으로 여러 사항 중에서 한 가지를 선택해서 권유하는 표현입니다. 화자는 '在家做点儿什么，简简单单吃吧(집에서 뭔가 만들어서 간단하게 먹자)'라고 했으므로 C가 정답입니다. '简简单单'처럼 2음절 형용사를 AABB 형식으로 중첩하면 정도를 강조하여 '아주 ~하다'라는 뜻이 됩니다. 밥 먹으러 나가기 싫어졌다(我不想出门吃饭了)고 했으므로 B는 정답이 아닙니다.

✦고득점 Tip

형용사, 심리동사 등을 수식하는 '真, 非常' 등 일부 부사는 구조조사 '的'를 붙여 쓸 수 있습니다.

你真(的)要来吗? 너 정말 오려고?

周经理又要工作又要照顾孩子，非常(的)忙。 저우 팀장은 일도 해야 하고 아이도 돌봐야 해서 아주 바쁘다.

63 ★★★

明明，我从朋友那儿借了一辆汽车，周末晚上我们可以到漂亮的地方，边看月亮和星星，边喝啤酒，边吃羊肉串，第二天回来，好吗?

밍밍, 내가 친구에게서 차를 한 대 빌렸는데, 우리 주말 저녁에 예쁜 곳에 가서, 달과 별을 보면서 맥주를 마시면서 양꼬치를 먹고, 다음날 돌아오는 게 어떨까?

★ 他打算周末:

　A 向朋友借汽车

　B 跟明明一起过

　C 自己去漂亮的地方

★ 그는 주말에 계획하기를:

　A 친구에게 차를 빌린다

　B 밍밍과 함께 보낸다

　C 혼자 예쁜 곳에 간다

辆* liàng 양 대 [차량을 세는 단위] | 可以 kěyǐ 조동 ~할 수 있다 | 边A边B biān A biān B A하면서 B하다 | 星星 xīngxing 명 별 | 羊肉 yángròu 명 양고기 | 串 chuàn 명 꼬치 | 向* xiàng 개 ~에게

화자가 밍밍에게 주말을 함께 보내자고 제안하는 내용이기 때문에 B가 정답입니다. '借了一辆汽车(차를 빌렸다)'는 이미 차를 빌렸다는 의미인데, 질문은 주말의 계획을 묻고 있기 때문에 A는 함정입니다.

개사 '在, 从, 到' 뒤에는 '附近, 北方, 中间, 公园, 超市' 등의 장소명사를 쓸 수 있습니다. 장소명사가 아닌 일반명사를 쓰려면 '上, 下, 里, 外'와 같은 방위사를 뒤에 붙여야 합니다. 사람을 가리키는 명사를 장소명사로 만들 때는 '这儿, 那儿' 등을 붙일 수 있습니다.

我每天都在公园锻炼身体。 나는 매일 공원에서 몸을 단련한다.

我从冰箱里拿出饮料，大口地喝了。 나는 냉장고에서 음료수를 꺼내 벌컥벌컥 마셨다.

那么，我明天到你那儿去。 그럼 내가 내일 네가 있는 곳으로 갈게.

---

64 ★★★

我奶奶的爱好是跳舞，她特别喜欢跳舞，如果天气好，<u>那么就到附近的公园，跟那些老朋友一起跳舞</u>，有时跳到很晚才回家。	우리 할머니의 취미는 춤추기이다. 할머니는 춤추는 것을 아주 좋아하신다. 만약 날씨가 좋으면, <u>근처의 공원에 가서 오랜 친구들과 함께 춤을 추는데</u>, 어떨 때는 아주 늦게까지 춤을 추고 집에 돌아오신다.
★ 她奶奶： 　A 在公园跳舞 　B 每天都跳舞 　C 喜欢看别人跳舞	★ 그녀의 할머니는: 　A 공원에서 춤을 춘다 　B 매일 춤을 춘다 　C 다른 사람이 춤추는 것을 보기를 좋아한다

跳舞 tiàowǔ 툉 춤추다 | 如果* rúguǒ 젭 (주로 뒤 절의 那么, 就 등과 호응하여) 만약 ~하면, 만일 ~하면 | 那么 nàme 젭 그러면, 그렇다면 | 附近* fùjìn 몡 부근, 근처 | 公园* gōngyuán 몡 공원 | 老* lǎo 혱 오래되다, 옛부터의 | 晚 wǎn 혱 늦다 | 每天 měi tiān 몡 매일

'到附近的公园，跟那些老朋友一起跳舞(근처의 공원에 가서 오랜 친구들과 함께 춤을 춘다)'에서 A가 정답임을 알 수 있습니다. '만약 날씨가 좋으면(如果天气好)'이라는 조건이 있기 때문에 B '每天都跳舞(매일 춤을 춘다)'는 정답이 아닙니다.

'如果A，那么B就C'는 '만약 A하면, 그러면 B가 C하다'라는 의미로 가정과 판단의 복문 형식입니다. 뒤 절의 접속사 '那么'와 관계부사 '就'는 둘 다 쓸 수도 있고, 둘 중 하나만 쓸 수도 있으며, 둘 다 생략할 수도 있습니다.

如果有什么变化，我马上就给你去电话。 만약 무슨 변화가 있다면, 내가 바로 너에게 전화할게.

如果这是真的，那么我该怎么做? 만약 이게 정말이라면, 나는 어떻게 해야 하지?

你如果要来，请先告诉我一声。 네가 만약 올 거라면, 먼저 나에게 살짝 알려 줘.

---

65 ★★

我们年级有五个班，<u>我们五个班都在三楼</u>，旁边是音乐室、图书室。听音乐和看书都很方便。	우리 학년에는 5개 학급이 있다. <u>우리 5개 학급은 모두 3층에 있는데</u>, 옆에는 음악실과 도서실이 있다. 음악을 듣고 책을 보기에 아주 편리하다.

★ 可以知道什么?

  A 三楼有音乐室

  B 他们都爱看书

  C 他们年级有三个班

★ 무엇을 알 수 있는가?

  A 3층에 음악실이 있다

  B 그들은 모두 책을 즐겨 본다

  C 그들의 학년에는 3개 학급이 있다

年级* niánjí 몡 학년 | 班* bān 몡 반, 조 | 音乐室 yīnyuèshì 몡 음악실 | 图书室 túshūshì 몡 도서실

같은 학년 5개 반이 모두 3층에 있는데, 그 옆에 음악실(音乐室)이 있다고 했으므로 음악실은 3층에 있음을 알 수 있습니다. 정답은 A입니다. 화자의 학급은 5개가 있다(我们年级有五个班)고 했으므로 C는 정답이 아닙니다.

---

66 ★★★

　虽然100米短跑没得第一名，但是我一点儿也不难过，也不需要难过，我还是相信，200米短跑我一定会拿到第一名。

★ 他:

  A 很难过

  B 相信自己

  C 已经拿了第一名

　비록 100m 단거리 달리기에서 1등하지 못했지만, 나는 조금도 괴롭지 않고 괴로워할 필요도 없다. 나는 200m 단거리 달리기에서 내가 반드시 1등할 것이라고 여전히 믿는다.

★ 그는:

  A 괴롭다

  B 자신을 믿는다

  C 이미 1등을 했다

短跑 duǎnpǎo 몡 단거리 달리기 | 相信* xiāngxìn 통 믿다, 신뢰하다

그는 자신이 200m 단거리 달리기에서 1등할 것이라고 여전히 믿는다(我还是相信，200米短跑我一定会拿到第一名)고 했기 때문에 정답은 B입니다. 지문에 '难过(괴롭다)'가 있지만 앞에 부정을 나타내는 '不'가 있기 때문에 A는 함정입니다. 또한 아직 1등을 하지 않았기(没得第一名) 때문에 C도 정답이 아닙니다.

---

67 ★★

　早上没吃饭就出门了，急急忙忙地准备去银行办事。到银行前，我还认为带了银行卡，但是到了银行后才发现没带，所以只能回家。

★ 他为什么回家?

  A 时间太早

  B 没带钱包

  C 没带银行卡

　아침에 밥도 먹기 전에 바로 집을 나서서, 허둥지둥 일을 보러 은행에 갈 준비를 했다. 은행에 도착하기 전에 나는 은행카드를 가지고 있다고 생각했다. 그런데 은행에 도착하고 나서야 안 가지고 왔다는 것을 알아차렸다. 그래서 집에 돌아올 수밖에 없었다.

★ 그는 왜 집에 돌아왔는가?

  A 시간이 너무 일러서

  B 지갑을 가져오지 않아서

  C 은행카드를 가져오지 않아서

急忙 jímáng 뷔 황급히, 허둥지둥 | 地* de 죄 [관형어로 쓰이는 단어나 구 뒤에 쓰여, 중심어를 수식함] | 准备 zhǔnbèi 통 준비하다 | 带* dài 통 (몸에) 지니다, 휴대하다, 챙기다 | 卡* kǎ 몡 카드 | 发现* fāxiàn 통 발견하다, 알아차리다 | 所以 suǒyǐ 졉 그래서, 그런 까닭에 | 钱包 qiánbāo 몡 지갑

핵심적인 내용은 '但是' 등의 역접의 접속사 뒤에 등장할 때가 많으니 주의해야 합니다. '钱包(지갑)'에 대해서는 언급하지 않았고 '银行卡(은행카드)'만 언급했는데 '到了银行后才发现没带(은행에 도착하고 나서야 안 가지고 왔다는 것을 발견했다)'라고 했으므로 정답은 C입니다.

✦고득점 Tip | 没A就B

'没A就B'는 'A하기도 전에 (바로) B하다'라는 의미의 고정 형식입니다.

还没完成就结束了。 완성하기도 전에 끝났다.

他没搬多久就累了。 그는 얼마 옮기기도 전에 지쳤다.

那个年轻人没几年就做总经理了。 그 젊은이는 몇 년 지나기도 전에 사장이 되었다.

---

68 ★★

最近天气真奇怪，中午很热，但早上和晚上很冷，温度变化太大了，特别容易感冒。如果感冒了，就应该多喝水，多休息。

요즘 날씨가 정말 이상해. 낮에는 더운데 아침과 저녁에는 추워. 온도 변화가 너무 커서 감기에 걸리기 쉬워. 만약 감기에 걸리면, 물을 많이 마시고 푹 쉬어야 해.

★ 他认为，得了感冒就要：

A 吃药
B 多休息
C 去医院看病

★ 그가 생각하기에 감기에 걸리면:

A 약을 먹어야 한다
B 푹 쉬어야 한다
C 병원에 가서 진료를 받아야 한다

奇怪* qíguài 혱 기이하다, 이상하다 | 热 rè 혱 덥다 | 温度 wēndù 몡 온도 | 容易* róngyì 혱 ~하기 쉽다 | 药 yào 몡 약

지문에서 만약 감기에 걸리면 물을 많이 마시고 푹 쉬어야 한다(如果感冒了，就应该多喝水，多休息)고 했으므로 정답은 B입니다. A, C도 감기에 걸렸을 때 할 수 있는 일이지만 지문에 언급되지 않았으므로 답으로 적절치 않습니다.

---

69 ★★

如果遇到不认识的词，那你们就可以查查词典，现在用手机可以查手机版词典，用电脑上网也可以查词典，都很方便。当然也可以用一般的纸质词典。

만약에 모르는 단어와 마주친다면, 사전을 한번 찾아보면 된다. 지금은 휴대폰으로 모바일 사전을 찾을 수 있고, 컴퓨터로 인터넷에 접속해도 사전을 찾을 수 있는데, 모두 편리하다. 당연히 일반적인 종이 사전을 이용해도 된다.

★ 他认为遇到不认识的词，可以：

A 查词典
B 问老师
C 买纸质词典

★ 그가 생각하기에 모르는 단어와 마주친다면:

A 사전을 찾으면 된다
B 선생님에게 물어보면 된다
C 종이 사전을 사면 된다

遇到* yùdào 통 (우연히) 만나다, 마주치다 | 认识 rènshi 통 알다 | 可以 kěyǐ 조통 ~해도 된다, ~할 수 있다 | 查 chá 통 조사하다, 찾다 | 词典* cídiǎn 몡 사전 | 手机版 shǒujībǎn 몡 (웹 사이트나 컴퓨터 프로그램의) 모바일 버전 | 一般* yìbān 혱 일반적이다 | 纸质 zhǐzhì 몡 종이 재질 | 问 wèn 통 묻다

동사를 중첩하면 '한번 ~해 보다'라는 시도의 뜻을 나타냅니다. 이때, 1음절 동사는 AA 형식으로, 2음절 동사는 ABAB 형식으로 중첩합니다. '查查词典'이라고 한 것은 사전을 한번 찾아보라고 권유한 것이므로 정답은 A입니다. 당연히 일반적인 종이 사전을 이용해도 된다(当然也可以用一般的纸质词典)고 했지만 사라고 한 것은 아니므로 C는 함정입니다.

词 cí 단어 ➡ 词典* cídiǎn 사전 | 单词 dāncí 단어 | 生词 shēngcí 새 단어 | 台词 táicí (연극 등의) 대사

독해

70 ★★★

这个楼离大型超市很近，住起来环境一定很好，公共汽车站和地铁站也很近，上下班特别方便，但我先生怕这个楼太高。

이 건물은 대형마트에서 가깝다. 살기에 환경이 분명히 좋을 것이다. 버스정거장과 지하철역이 가까워서, 출퇴근이 아주 편리하다. 그런데 우리 남편은 이 건물이 너무 높다고 무서워한다.

★ 她先生觉得这个楼:

A 太高了

B 环境很好

C 离公司很近

★ 그녀의 남편이 생각하기에 이 건물은:

A 너무 높다

B 환경이 좋다

C 회사에서 가깝다

大型 dàxíng 혱 대형의 | 近 jìn 혱 (거리가) 가깝다 | 环境* huánjìng 몡 환경 | 公共汽车 gōnggòng qìchē 몡 버스 |
先生 xiānsheng 몡 남편 | 怕 pà 통 겁내다, 무서워하다 | 高 gāo 혱 (높이가) 높다

질문은 화자의 남편이 이 건물을 어떻게 생각하는지 묻는 것이었으므로 정답은 A입니다. B '环境很好(환경이 좋다)'가 지문에 언급되지만, 남편이 아닌 화자의 생각이기 때문에 정답이 아닙니다.

三、书写 쓰기

제1부분 71~75번은 제시어를 나열하여 하나의 문장으로 작성하는 문제입니다.

71 ★★

没有　开　空调　的　这个办公室
→ 这个办公室的空调没有开。 이 사무실의 에어컨은 켜져 있지 않다.

办公室* bàngōngshì 명 사무실, 오피스 | 空调* kōngtiáo 에어컨 | 开 kāi 동 (전자제품이나 기계 등을) 켜다, 틀다

조사 '的'는 형용사나 동사(구)가 명사를 수식하거나 시간·장소·소속을 나타내는 명사가 다른 명사를 수식하는 관형어로 쓰일 때 그 뒤에 붙여 씁니다. 이 문제에서 '这个办公室(이 사무실)'가 장소명사이기 때문에 '的'를 붙여 다른 명사인 '空调(에어컨)'를 수식합니다. 부정부사 '没有(~이 아니다)'는 동사(开) 앞에 씁니다.

✦고득점 Tip | 예문 더 보기

漂亮的地方 예쁜 장소 [형용사]　　　　　　新买的运动鞋 새로 산 운동화 [동사구]
刚才的电话 방금 전의 전화 [시간명사]　　　冰箱里的水果 냉장고 속의 과일 [장소명사]
我的电子邮件 내 이메일 [소속을 나타내는 명사]

72 ★★★

告诉　请把　你的故事　我
→ 请把你的故事告诉我。 당신의 이야기를 저에게 말해 주세요.

故事* gùshi 명 이야기 | 告诉 gàosu 동 알리다

'把'자문은 '주어+把+목적어+술어' 형식이며, '把+목적어'가 술어를 앞에서 수식하는 부사어로 쓰입니다. 이때 '告诉(알리다)'와 같이 직접목적어와 간접목적어를 취할 수 있는 동사의 경우, '~을'로 해석되는 직접목적어(把+목적어)는 술어 앞에 쓰고 '~에게'로 해석되는 간접목적어는 술어 뒤에 씁니다. '请'은 '청하다, 부탁하다'라는 뜻의 동사로, 부탁의 의미를 나타냅니다. 부탁하는 문장은 '我请你+부탁의 내용'의 형식으로 쓰는데, '请你' 혹은 '请'만 쓰는 경우가 많습니다.

73 ★★★

裙子　放着　三条　行李箱里

→ 行李箱里放着三条裙子。 트렁크에는 치마가 세 벌 놓여 있다.

行李箱* xínglixiāng 몡 트렁크, 여행용 가방 | 着 zhe 조 ~한 채로

장소명사

行李箱里 + 放着 + 三条裙子

주어　　　　술어　　　　목적어

이 문제는 장소명사나 시간명사가 주어로 쓰이는 존현문입니다. 존현문은 '장소/시간명사+술어+목적어' 형식으로 쓰여 어떤 장소나 시간에 사람·사물·사건이 존재·출현·소실됨을 나타냅니다. 이때 술어로 '有' '是' 또는 '동사+着' '동사+满了' 등을 씁니다.

✦**고득점 Tip** | 예문 더 보기

桌子上有一瓶可乐。 탁자에는 콜라 한 병이 있다.

明天有一个考试。 내일은 시험이 하나 있다.

我心里都是你。 내 마음속에는 너뿐이다.

路口站着很多人。 교차로에는 많은 사람이 서 있다.

那儿开满了花。 그곳에는 꽃이 가득 피었다.

74 ★★

甜　西瓜没有　那么　香蕉

→ 西瓜没有香蕉那么甜。 수박은 바나나만큼 달지 않다.

西瓜 xīguā 몡 수박 | 香蕉* xiāngjiāo 몡 바나나

西瓜 + 没有 + 香蕉 + 那么 + 甜

주어　　　没有　　　목적어　　　부사어　　　술어

'有'나 '没有'가 형용사와 함께 출제되면 비교문일 가능성이 큽니다. '有'가 들어간 비교문은 '주어+有/没有+목적어(+这么/这样/那么/那样)+형용사'의 형식으로 씁니다. 또 다른 비교문으로는 '比'자문이 있으며, '주어+比+목적어+형용사'의 형식으로 씁니다.

✦**고득점 Tip** | 예문 더 보기

他比我聪明。 그는 나보다 똑똑하다. ⟷ 他没有我聪明。 그는 나보다 똑똑하지 않다.

他没有我这么高。 그는 나만큼 이렇게 키가 크지 않다.

我没有你那么喜欢。 나는 너만큼 그렇게 좋아하지 않는다.

比赛　同意　医生　我参加　明天的

→ 医生同意我参加明天的比赛。 의사는 내가 내일의 시합에 참가하는 것에 동의했다.

比赛* bǐsài 圆 경기, 시합

생각이나 감정을 나타내는 심리동사 '知道, 爱, 喜欢, 希望, 觉得, 打算, 认为, 同意, 害怕, 担心, 记得, 忘记, 相信, 明白' 또는 생각이나 감정을 표현하는 동사 '说, 要求' 등은 주술구나 술목구 등의 문장성분을 목적어로 쓸 수 있습니다. 따라서 '我参加+明天的+比赛(내가 내일의 시합에 참가하다)'가 '同意(동의하다)'의 목적어가 됩니다.

⁺고득점 Tip | 예문 더 보기

我知道你是他的女朋友。 나는 네가 그의 여자 친구인 것을 알아.

我希望大家过得很好。 나는 모두가 잘 지내기를 바란다.

我记得你姓李。 나는 네가 리씨인 것을 기억한다.

老师说明天有一个考试。 선생님은 내일 시험이 하나 있다고 하셨다.

제2부분 76~80번은 한어병음을 보고 빈칸에 알맞은 한자를 쓰는 문제입니다.

她对中国的(茶^{chá})文化很了解。	그녀는 중국의 차 문화에 대해 잘 안다.

茶 chá 圆 차 | 了解* liǎojiě 圐 알다, 이해하다

'茶'는 HSK 1급 필수 단어입니다. HSK 1~2급 필수 단어도 HSK 3급에서 출제될 수 있으니 한자를 읽고 쓸 수 있도록 연습하는 것이 좋습니다.

这个菜是用牛肉(做^{zuò})的。	이 요리는 소고기로 만든 것이다.

牛肉 niúròu 圆 소고기

'zuò'를 보고 발음이 같은 '做'와 '作'를 혼동할 수 있습니다. '做'는 '(일을) 하다' '(물건을) 만들다'라는 뜻을 나타내는 동사로, '做事情(일을 하다)' '做衣服(옷을 만들다)' 등과 같이 쓰입니다. '作'는 보통 단독으로 쓰이지 않고 단어를 구성하는 성분으로 쓰이며 '作业(숙제)' '作家(작가)' 등과 같이 쓰입니다.

78 ★★

| 想要刷牙刷得干净，一般需要三（ 分 ^{fēn} ）钟。 | 이를 깨끗이 닦으려면 보통 3분이 필요하다. |

刷牙* shuā yá 이를 닦다 │ 一般* yìbān 🖳 일반적으로

‘钟’은 원래 ‘종, 시계’라는 뜻이지만, ‘分’이나 ‘点’ 뒤에 붙여 쓸 수 있습니다. 단, ‘分钟’은 시간의 양을 나타내지만, ‘点钟’은 시점을 나타낸다는 점에 주의해야 합니다.

✦ **고득점 Tip** | 예문 더 보기

我再睡十分钟，好吗? 나 10분 동안 더 잘게, 괜찮지? [시량]

下午两点钟开始比赛。 오후 2시에 시합을 시작한다. [시점]

79 ★★★

| （ 终 ^{Zhōng} ）于考试结束了，我们好好去放松放松吧。 | 드디어 시험이 끝났으니, 우리 기분 좀 풀러 가자. |

终于* zhōngyú 🖳 마침내, 결국 │ 结束* jiéshù 🗍 끝나다 │ 放松* fàngsōng 🗍 놓아주다, 풀어 주다

‘终于’는 ‘마침내, 결국’이라는 뜻으로 오랜 시간 혹은 여러 차례 시도하여 어떤 결과를 얻었을 때 쓰는 부사입니다. 대부분의 부사는 주어와 술어 사이에 쓰이는 데 비해, ‘终于’를 포함한 어기부사(문장 전체의 어기나 뉘앙스를 나타내는 부사)는 주어 앞과 뒤에 모두 쓸 수 있습니다.

✦ **고득점 Tip** | 예문 더 보기

我当然记得你。 = 当然我记得你。 나는 당연히 너를 기억해.

这个其实不太难。 = 其实这个不太难。 사실 이것은 별로 어렵지 않다.

人们突然都站了起来。 = 突然人们都站了起来。 사람들이 갑자기 다 일어섰다.

80 ★★

| 我看（ 完 ^{wán} ）了这个电影，非常有意思。 | 저는 이 영화를 다 봤어요. 아주 재미있어요. |

电影 diànyǐng 🖳 영화 │ 有意思 yǒu yìsi 🖳 재미있다

이 문제에서 ‘完’은 ‘완성되다’라는 뜻을 나타내는 결과보어로, 동사 뒤에 쓰여 동작이 완성되었다는 의미를 나타냅니다. 자주 쓰이는 다른 결과보어로는 ‘好, 见, 到, 清楚, 明白’ 등이 있습니다.

제3회
모의고사 해설

一、听力 듣기

제1부분 1~10번은 녹음을 듣고 관련 있는 그림을 선택하는 문제입니다.

1 ★★

男：你每天怎么去上班？坐公共汽车还是坐地铁？ 女：坐地铁，我就住在地铁站旁边，很方便。	남: 당신은 매일 어떻게 출근해요? 버스를 타요, 아니면 지하철을 타요? 여: 지하철을 타요. 저는 지하철역 옆에 살아서 편리해요.

每天 měi tiān 몡 매일 ｜ 上班 shàngbān 통 출근하다 ｜ 坐 zuò 통 (교통수단을) 타다 ｜ 公共汽车 gōnggòng qìchē 몡 버스 ｜ 地铁* dìtiě 몡 지하철 ｜ 就 jiù 튀 곧, 즉시, 바로 ｜ 住 zhù 통 살다, 거주하다, 묵다 ｜ 站* zhàn 몡 역, 정류장 ｜ 旁边 pángbiān 몡 옆, 곁, 근처 ｜ 方便* fāngbiàn 혱 편리하다

A 여자가 지하철(地铁)을 타고 출근한다고 했으므로 지하철 사진인 A가 정답입니다.

✦**고득점 Tip** | (是)A还是B

'(是)A还是B'는 'A인가 아니면 B인가?'라는 의미의 선택 의문문 형식입니다.

你去还是不去？ 너는 가니, 아니면 안 가니?

你去，还是他去？ 네가 가니, 아니면 그가 가니?

她是你的家人，还是朋友？ 그녀는 당신의 가족인가, 아니면 친구인가?

2 ★★

女：你等会儿开车，还是别喝了。 男：没关系，今天我的妻子开车，我可以多喝几杯。	여: 당신은 이따가 운전해야 하니까, 마시지 않는 게 좋겠어요. 남: 괜찮아요. 오늘은 저의 아내가 운전을 해서, 저는 몇 잔 좀 마셔도 돼요.

| 等 děng 图 기다리다 | 一会儿* yíhuìr 图 잠시, 잠깐, 곧 | 开车 kāichē 图 운전하다 | 别 bié 图 ~하지 마라 | 喝 hē 图 마시다 |
| 今天 jīntiān 명 오늘 | 妻子 qīzi 명 아내 | 可以 kěyǐ 조동 ~해도 된다 | 杯 bēi 양 잔, 컵 |

E 운전 때문에 마시지 말아야 한다는 내용을 보아 두 사람은 술을 마시고 있다는 것을 알 수 있습니다. 술을 마시는 사진인 E가 정답입니다.

3 ★★★

男: 我刚刚接到一个电子邮件，上面说我通过面试了。

女: 是吗？快让我也看看。

남: 방금 이메일을 하나 받았는데, 내가 면접을 통과했다고 해.

여: 그래? 빨리 나도 좀 보여 줘.

刚刚 gānggāng 图 방금, 금방 | 接* jiē 图 받다 | 电子邮件* diànzǐ yóujiàn 명 전자 우편, 이메일 | 通过 tōngguò 图 통과하다 | 面试 miànshì 명 면접 | 快 kuài 图 빨리 | 也 yě 图 또한, 역시

C 남자가 방금 이메일을 하나 받았다(我刚刚接到一个电子邮件)고 했으므로 지금 컴퓨터나 휴대폰을 보고 있을 가능성이 높습니다. 따라서 정답은 C입니다.

고득점 Tip | 사역동사 让

사역동사 '让'은 '시키다'라는 뜻 외에 '~하도록 내버려 두다, ~하게 해 주다'라는 뜻도 있어서 상대에게 양해와 허락을 구할 때 쓸 수 있습니다.

让我先想想。 제가 우선 생각 좀 하게 내버려 두세요. (저 우선 생각 좀 할게요.)

让我说完啦! 제가 말을 끝까지 할 수 있도록 해 주세요! (저 말 좀 끝까지 할게요!)

4 ★★

女: 这是你新养的鸟吗？它的嘴真长。

男: 是啊，而且叫声也特别好听。

여: 이게 네가 새로 기르는 새야? 부리가 정말 길다.

남: 맞아, 게다가 지저귀는 소리도 정말 듣기 좋아.

新 xīn 형 새롭다 | 养 yǎng 图 기르다, 양육하다 | 鸟* niǎo 명 새 | 它 tā 대 (사람 이외의 것을 가리켜) 그, 저, 이것, 저것 | 嘴* zuǐ 명 입, 부리, 주둥이 | 真 zhēn 图 정말, 진짜 | 长 cháng 형 길다 | 啊* a 조 [문장 끝에 쓰여 긍정의 어기를 나타냄] | 而且* érqiě 접 게다가, 또한 | 叫声 jiàoshēng 명 울음소리 | 特别* tèbié 图 특히, 각별히 | 好听 hǎotīng 형 듣기 좋다

B '这是你新养的鸟吗?(이게 네가 새로 기르는 새야?)'라는 물음에 이어서 두 사람이 새의 부리(它的嘴), 지저귀는 소리(叫声)에 관하여 말하는 내용을 보아 정답은 B입니다. 처음에 '鸟'라는 키워드를 놓치더라도, '嘴, 叫声' 등의 표현을 듣고 새에 대해 이야기하고 있음을 유추할 수 있습니다.

5 ★★

| 男： 您好，我不小心把房卡放在房间了。 | 남: 안녕하세요. 제가 실수로 룸카드를 방에 두고 나왔어요. |
| 女： 好的，请问您的房间号码是多少？ | 여: 네, 객실 번호가 어떻게 되십니까? |

您 nín 데 당신, 귀하 | 小心* xiǎoxīn 통 조심하다 | 把* bǎ 캐 ~을 | 房卡 fángkǎ 명 룸카드, 카드키 | 放* fàng 통 놓다 | 房间 fángjiān 명 방 | 号码 hàomǎ 명 번호

 F '房卡(룸카드)' '房间号码(객실 번호)' 등의 표현에서 투숙객과 호텔 직원 간의 대화임을 알 수 있습니다. 따라서 두 사람이 호텔 로비에서 대화하는 사진인 F가 정답입니다.

✦ 고득점 Tip

房间 fángjiān 방 + 卡 kǎ 카드 ➡ 房卡 fángkǎ 룸카드

银行* yínháng 은행 + 卡 kǎ 카드 ➡ 银行卡 yínhángkǎ 은행카드

会员 huìyuán 회원 + 卡 kǎ 카드 ➡ 会员卡 huìyuánkǎ 회원카드

6 ★★

| 女： 别看了，我们去爬山吧。 | 여: 그만 보고 우리 등산하러 가자. |
| 男： 今天我腿疼，就想坐着看电视。 | 남: 나는 오늘 다리가 아파. 그냥 앉아서 텔레비전을 보고 싶어. |

爬山* pá shān 등산하다 | 吧 ba 조 [문장 끝에 쓰여 상의·제의·청유·기대·명령 등의 어기를 나타냄] | 腿* tuǐ 명 다리 | 疼* téng 통 아프다 | 坐 zuò 통 앉다 | 着 zhe 조 ~한 채로 | 电视 diànshì 명 TV, 텔레비전

 E 여자가 등산하러(爬山) 가자고 했지만 남자는 그냥 앉아서 텔레비전을 보고 싶다(就想坐着看电视)고 했으므로, 남자가 텔레비전을 보고 있는 사진인 E가 정답입니다.

✦ 고득점 Tip | 주술술어문

'주어+[주어+술어]' 형식의 문장을 '주술술어문'이라고 하며 [주어+술어] 형식의 주술구가 문장 전체의 술어 역할을 합니다.

白先生也个子很高。 바이 씨도 키가 크다.

第六课生词很多。 제6과는 새 단어가 많다.

电视里说，明天可能天气不怎么好。 TV에서 내일은 아마 날씨가 별로 좋지 않을 것이라고 했다.

7 ★★

男: 你可以把自行车借我几天吗?

女: 当然，楼下红色的那辆就是。

남: 자전거를 저에게 며칠 빌려줄 수 있나요?

여: 당연하죠. 건물 밑에 있는 빨간색 자전거예요.

可以 kěyǐ 조동 ~할 수 있다 | 自行车* zìxíngchē 명 자전거 | 借* jiè 통 빌리다, 빌려주다 | 当然* dāngrán 형 당연하다 | 楼下 lóu xià 건물 아래, 건물 앞 | 红色 hóngsè 명 빨간색 | 辆* liàng 양 대 [차량을 세는 단위]

A 남자는 여자의 자전거(自行车)를 빌리고 싶었고, 여자는 '当然(당연하죠)'이라고 했으므로 내용과 일치하는 것은 A입니다. '自行车'라는 키워드를 듣지 못했어도 '辆'이 차량이나 자전거 등을 세는 양사이므로 A가 정답임을 알 수 있습니다.

8 ★★★

女: 现在都几点了，你怎么还没来?

男: 对不起，我今天起来晚了，现在马上就出门。

여: 지금 벌써 몇 시인데, 너 어째서 아직도 안 왔어?

남: 미안해, 오늘 늦게 일어났어. 지금 바로 나가.

现在 xiànzài 명 지금, 현재 | 起来* qǐlái 통 일어나다 | 晚 wǎn 형 늦다 | 马上* mǎshàng 부 곧, 즉시 | 出门 chūmén 통 외출하다, 집을 나서다

B '现在都几点了，你怎么还没来?(지금 벌써 몇 시인데 너 어째서 아직도 안 왔어?)'라는 내용을 보고, 여자가 남자를 기다리고 있다는 것을 알 수 있습니다. 여자가 혼자 시계를 보고 있는 사진인 B가 정답입니다.

고득점 Tip | 부사 都

부사 '都'는 '已经'과 같이 '벌써'라는 뜻이 있습니다.

他都八十岁了。 그는 벌써 80살이다.

都聊了半天了，该回家了。 벌써 한참 이야기를 나누었다. 집에 가야겠다.

9 ★★

男: 怎么突然下雨了? 我没带伞。

女: 没关系，我们一起打吧。

남: 왜 갑자기 비가 오지? 나는 우산을 안 가져왔는데.

여: 괜찮아. 우리 같이 쓰자.

突然* tūrán 부 갑자기, 돌연히 | 下雨 xià yǔ 비가 내리다 | 带* dài 통 (몸에) 지니다, 휴대하다, 챙기다 | 伞* sǎn 명 우산 | 一起 yìqǐ 부 같이, 함께 | 打(伞) dǎ (sǎn) 통 (우산을) 쓰다

D '突然下雨(갑자기 비가 오다)' '伞(우산)' '一起打(같이 쓰다)'라는 내용을 보아, 비가 오는데 남녀가 같이 우산을 쓰고 있는 사진인 D가 정답입니다.

10 ★★

| 男: 这个灯怎么不亮了？ | 남: 이 등이 왜 안 켜졌지? |
| 女: 应该是没电了，我现在就去换。 | 여: 배터리가 다 됐나 봐. 내가 지금 바꿀게. |

灯* dēng 명 등, 등불 | 亮 liàng 통 빛나다 | 应该* yīnggāi 조동 분명히 ~할 것이다 | 电 diàn 명 전기 | 换* huàn 통 교환하다, 바꾸다

C 녹음의 키워드는 '灯(등, 등불)'입니다. 전등 사진인 C가 정답입니다.

제2부분 11~20번은 한 단락의 녹음을 듣고 제시된 문장의 정오를 판단하는 문제입니다.

11 ★★

| 　　周末，我带着弟弟去动物园看大熊猫，这是弟弟第一次看到大熊猫，他开心极了。 | 　　주말에, 나는 남동생을 데리고 판다를 보러 동물원에 갔다. 이것은 남동생이 처음으로 판다를 본 거라, 아주 신났다. |
| ★ 弟弟看过很多次大熊猫。(×) | ★ 남동생은 판다를 여러 번 본 적이 있다.(×) |

周末* zhōumò 명 주말 | 带* dài 통 데려가다 | 弟弟 dìdi 명 남동생 | 动物园 dòngwùyuán 명 동물원 | 熊猫* xióngmāo 명 판다 | 第一 dì-yī 첫 번째, 최초, 맨 처음 | 开心* kāixīn 통 기쁘다 | 极* jí 형 극에 달하다, 극도의 | 过 guo 조 ~한 적이 있다 | 多 duō 형 많다

녹음에서 남동생은 처음으로 판다를 봤다(弟弟第一次看到大熊猫)고 했는데, 제시된 문장에서는 여러 번 봤다(弟弟看过很多次大熊猫)고 했으므로 정답은 ×입니다.

12 ★★

| 　　春节时的票很难买，不仅火车票没了，机票也没买到，我只能坐船去旅行了。 | 　　설에는 표를 사기 어려워요. 기차표가 매진됐을 뿐만 아니라 비행기표도 사지 못해서, 나는 배를 타고 여행 갈 수밖에 없어요. |
| ★ 他买到了火车票。(×) | ★ 그는 기차표를 샀다.(×) |

春节 Chūnjié 몡 음력 설, 춘절 | 票 piào 몡 표 | 难* nán 쪵 ~하기 어렵다, ~하기 힘들다 | 买 mǎi 동 사다, 구입하다 | 不仅 bùjǐn 쪱 ~뿐만 아니라 | 火车 huǒchē 몡 기차 | 机票 jīpiào 몡 비행기표 | 只能 zhǐ néng ~할 수밖에 없다 | 船* chuán 몡 배 | 旅行 lǚxíng 동 여행하다

녹음에서 기차표가 매진됐다(火车票没了)고 했으므로 기차표를 사지 못했습니다. 따라서 정답은 ✕ 입니다.

✦고득점 Tip | 병렬의 不但/不仅A, 而且B也/还C

'不但/不仅A, 而且B也/还C'는 'A할 뿐만 아니라 게다가 B도 C하다'라는 의미로, 앞뒤 문장을 병렬하는 복문 형식입니다. 복문 형식의 접속사와 관계부사 등은 모두 써도 되고, 일부를 생략할 수도 있습니다.

她不但歌唱得非常好听, 而且舞也跳得非常好看。
그녀는 노래를 아주 잘 부를 뿐만 아니라, 게다가 춤도 아주 잘 춘다.

不但你愿意, 他也愿意。 네가 원할 뿐만 아니라 그도 원한다.

---

13 ★★★

双十一, 我在网上买了四条裙子, 加一起还不到500块钱, 非常便宜。

★ 她花了500多元。 (✕)

쌍스이에 저는 인터넷에서 치마 네 벌을 샀는데, 다 합쳐도 500위안이 안 돼요. 아주 싸요.

★ 그녀는 500여 위안을 썼다. (✕)

网上* wǎngshàng 몡 인터넷, 온라인 | 条* tiáo 양 [가늘고 긴 것을 세는 단위] | 裙子* qúnzi 몡 치마 | 加 jiā 동 더하다, 가하다 | 到 dào 동 도달하다 | 块 kuài 양 위안 [중국의 화폐 단위. '元'의 구어체] | 非常 fēicháng 부 대단히, 매우, 아주 | 便宜 piányi 쪵 (값이) 싸다, 저렴하다 | 花* huā 동 (돈이나 시간 등을) 쓰다

산 금액을 다 합쳐도 500위안이 안 된다(加一起还不到500块钱)고 했으므로 정답은 ✕ 입니다. '多'는 '~여, ~남짓'이라는 뜻으로, 앞의 숫자보다 크다는 것을 나타냅니다. '双十一'는 양력 11월 11일로 '光棍节'라고도 합니다. 원래 솔로의 날이지만 현재는 중국판 블랙 프라이데이로 자리잡아 전국적으로 대규모 할인 행사가 펼쳐집니다.

---

14 ★★

我能听懂中国人说的一些简单的句子, 但我想多练习, 把汉语说得更好。

★ 说话人想提高汉语水平。 (✓)

저는 중국인이 말하는 간단한 문장들을 알아들을 수 있지만, 연습을 많이 해서 중국어를 더 잘 말하고 싶어요.

★ 화자는 중국어 실력을 향상시키고 싶다. (✓)

懂 dǒng 동 알다, 이해하다 | 简单* jiǎndān 쪵 쉽다, 간단하다 | 句子* jùzi 몡 문장, 구절 | 但 dàn 쪱 그러나, 그렇지만 | 练习* liànxí 동 연습하다 | 汉语 Hànyǔ 몡 중국어 | 得 de 조 [동사나 형용사 뒤에서 결과나 정도를 나타내는 보어를 연결함] | 更* gèng 부 더욱, 더 | 提高* tígāo 동 향상시키다, 높이다 | 水平* shuǐpíng 몡 수준

중국어를 더 잘 말하고 싶다(把汉语说得更好)는 것은 중국어 실력을 향상(提高汉语水平)시키고 싶다는 의미입니다. 따라서 정답은 ✓ 입니다.

15

我们在生活中会有很多事情需要做决定，但一定不要在生气时做决定，这样很容易出错。

우리가 살아가면서 결정해야 할 많은 일이 있을 것이다. 그러나 절대로 화가 났을 때 결정하지 마라. 그러면 실수하기 쉽다.

★ 生气时做的决定一般是对的。（×）

★ 화가 났을 때 하는 결정은 일반적으로 옳다.（×）

生活 shēnghuó 圆 생활 ｜ 事情 shìqing 圆 일 ｜ 需要* xūyào 图 ~해야 한다, 필요하다 ｜ 决定* juédìng 圆 결정 ｜ 一定* yídìng 图 반드시, 꼭 ｜ 生气* shēngqì 图 화나다 ｜ 容易* róngyì 图 ~하기 쉽다 ｜ 出错 chū cuò 실수를 하다 ｜ 一般* yìbān 图 일반적으로 ｜ 对 duì 图 맞다

화가 났을 때 결정을 하면 실수하기 쉽다(这样很容易出错)고 했으므로 정답은 × 입니다.

16

我们家的空调是十年前买的，现在已经很旧了，我的妻子想让我陪她去买一个新的。

우리 집 에어컨은 10년 전에 산 것이라, 지금은 이미 오래됐다. 나의 아내는 새것을 하나 사러 내가 같이 가 주기를 바란다.

★ 他们现在用的空调坏了。（×）

★ 그들이 지금 쓰는 에어컨은 고장 났다.（×）

空调* kōngtiáo 圆 에어컨 ｜ 已经 yǐjing 图 이미, 벌써 ｜ 旧* jiù 图 낡다, 오래되다 ｜ 让 ràng 图 ~하게 하다, ~하도록 시키다 ｜ 陪 péi 图 동반하다 ｜ 用* yòng 图 사용하다 ｜ 坏* huài 图 상하다, 고장 나다

집에 있는 에어컨이 오래되었다(已经很旧了)고 했지만 고장 난 것은 아닙니다. 정답은 × 입니다.

每个工作日，早上起床，我会先跑一个小时步，然后吃完早餐再去上班。

매 근무일마다 아침에 일어나면, 나는 먼저 한 시간 동안 러닝을 하고, 그다음에 아침을 먹고 출근을 한다.

★ 他上班前会去跑步。（√）

★ 그는 출근하기 전에 러닝하러 간다.（√）

工作日 gōngzuòrì 圆 근무일 ｜ 早上 zǎoshang 圆 아침 ｜ 起床 qǐchuáng 图 일어나다, 기상하다 ｜ 先* xiān 图 먼저, 우선 ｜ 跑步 pǎobù 图 달리다 ｜ 小时 xiǎoshí 圆 시간 ｜ 然后* ránhòu 圈 그런 후에, 그다음에 ｜ 早餐 zǎocān 圆 아침 식사 ｜ 再 zài 图 또, 다시

화자가 일어나서 하는 일은 러닝(跑步), 아침 식사(吃完早餐), 출근(上班)순이므로 정답은 √ 입니다.

张先生，这次的数量和价钱已经写在上面了，如果都同意的话，请在最下面写上你的名字。	장 선생님, 이번 수량과 가격은 이미 위에 적혀 있습니다. 만약 모두 동의하시면 맨 아래에 당신의 이름을 적어 주세요.
★ 张先生还没写名字。(√)	★ 장 선생은 아직 서명하지 않았다. (√)

张 Zhāng 고유 장 [성씨] | 先生 xiānsheng 명 선생 [성인 남자에 대한 존칭] | 次 cì 양 차례, 번 | 数量 shùliàng 명 수량 | 价钱 jiàqián 명 가격, 값 | 写 xiě 통 쓰다 | 如果* rúguǒ 접 (주로 뒤 절의 那么, 就 등과 호응하여) 만약 ~하면, 만일 ~하면 | 同意* tóngyì 통 동의하다, 찬성하다 | 最 zuì 부 가장, 제일 | 名字 míngzi 명 이름

화자는 장 선생에게 동의하면 서명하라(如果都同意的话，请在最下面写上你的名字)고 했으므로 장 선생은 아직 서명하지 않았다는 것을 알 수 있습니다. 정답은 √입니다.

儿子从小就对历史很感兴趣，每次考试都能拿到全班级第一名，他说他想成为一位历史学家。	아들은 어릴 때부터 역사에 관심이 많았고 매 시험마다 반에서 1등을 했어요. 그 아이는 역사학자가 되고 싶다고 했어요.
★ 说话人很喜欢学历史。(×)	★ 화자는 역사 공부를 좋아한다. (×)

儿子 érzi 명 아들 | 从小 cóngxiǎo 부 어릴 때부터 | 对 duì 개 ~에 대해서 | 历史* lìshǐ 명 역사 | 感兴趣* gǎn xìngqù 관심이 있다, 흥미가 있다 | 每 měi 대 매, 모든 | 考试 kǎoshì 명 시험, 고사 | 拿 ná 통 (손에) 쥐다, 잡다, 가지다 | 班级* bānjí 명 반, 학급 | 成为 chéngwéi 통 ~이 되다 | 位* wèi 양 분, 명 [사람을 높여 세는 단위] | 学家 xuéjiā 명 학자 | 喜欢 xǐhuan 통 좋아하다

역사에 관심 있는 것은 화자가 아니라 화자의 아들(儿子)이므로 정답은 ×입니다.

小姐，请问您知道留学生服务中心在哪儿吗？应该就在附近，但是我找了半天都没找到。	아가씨, 말씀 좀 묻겠습니다. 유학생 서비스 센터가 어디 있는지 아세요? 분명히 근처에 있을 텐데, 한참 동안 찾아도 못 찾았어요.
★ 男的正在问路。(√)	★ 남자는 길을 묻고 있다. (√)

小姐 xiǎojiě 명 아가씨 | 知道 zhīdào 통 알다 | 留学生 liúxuéshēng 명 유학생 | 服务 fúwù 통 서비스하다 | 中心 zhōngxīn 명 중심, 센터 | 哪儿 nǎr 대 어느, 어디 | 附近* fùjìn 명 부근, 근처 | 但是 dànshì 접 그러나, 그렇지만 | 找 zhǎo 통 찾다 | 半天 bàntiān 수량 반나절, 한참 동안 | 正在 zhèngzài 부 ~하는 중이다 | 问路 wèn lù 길을 묻다

남자의 말이 '请问(말씀 좀 묻겠습니다)'으로 시작하고 유학생 서비스 센터라는 장소가 어디에 있는지(留学生服务中心在哪儿) 묻고 있으므로 남자가 길을 물어보고 있다는 것을 알 수 있습니다. 정답은 √입니다.

21 ★★

男: 您好，有什么可以帮您的吗？

女: 我的信用卡突然不见了，我想重新办一张。

问: 女的想办什么？

   A 会员卡

   B 学生证

   C 信用卡

남: 안녕하세요, 무엇을 도와드릴까요?

여: 제 신용카드가 갑자기 안 보여요. 다시 한 장 발급하고 싶어요.

질문: 여자는 무엇을 발급하려고 하는가?

   A 회원카드

   B 학생증

   C 신용카드

帮 bāng 圄 돕다 | 信用卡* xìnyòngkǎ 圀 신용카드 | 重新 chóngxīn 円 다시 | 张* zhāng 얭 장, 개 [종이나 탁자 등 넓은 면적을 가진 물건을 세는 단위] | 会员 huìyuán 圀 회원 | 卡 kǎ 圀 카드 | 学生证 xuéshēngzhèng 圀 학생증

여자가 신용카드가 갑자기 안 보인다(信用卡突然不见了)고 했으므로 여자가 다시 발급하고 싶은 것은 신용카드(信用卡)입니다. 정답은 C입니다.

✦고득점 Tip

办 bàn (업무를) 처리하다 ➡ 办护照 bàn hùzhào 여권을 발급하다 | 办信用卡 bàn xìnyòngkǎ 신용카드를 발급하다

        办公司 bàn gōngsī 회사를 창업하다, 경영하다

办 (업무를) 처리하다 + 公 공사, 공적인 업무 + 室 방 ➡ 办公室* bàngōngshì 사무실

---

22 ★★★

女: 你能借给我一点儿钱吗？我还差五块钱。

男: 我刚买了个裤子，现在也没有钱了。

问: 女的在干什么？

   A 借钱

   B 卖裤子

   C 找钱包

여: 너 나에게 돈을 좀 빌려줄 수 있어? 나는 아직 5위안이 모자라.

남: 방금 바지를 사서 지금 나도 돈이 없어.

질문: 여자는 무엇을 하고 있는가?

   A 돈을 빌린다

   B 바지를 판다

   C 지갑을 찾는다

借钱 jiè qián 돈을 빌리다 | 差* chà 圄 모자라다, 부족하다 | 刚* gāng 円 방금, 막 | 裤子* kùzi 圀 바지 | 卖 mài 圄 팔다, 판매하다 | 钱包 qiánbāo 圀 지갑

여자가 '你能借给我一点儿钱吗?(너 나에게 돈을 좀 빌려줄 수 있어?)'라고 했으므로 정답은 A입니다. 남자가 바지를 샀다(买了个裤子)고 했으므로 B는 함정입니다. '买(사다)'는 제2성, '卖(팔다)'는 제4성임에 주의합시다.

23 ★★★

男：你怎么哭了，出什么事了？ 女：我的朋友生病住院了，<u>我很担心他</u>。 问：女的现在感觉怎么样？ 　　A 难过 　　B 舒服 　　C 生气	남：너 왜 울어? 무슨 일이 생겼니? 여：내 친구가 아파서 입원했는데, 나는 걔가 너무 걱정돼. 질문：여자는 지금 기분이 어떠한가? 　　A 슬프다 　　B 편하다 　　C 화난다

哭* kū 통 (소리 내어) 울다 ｜ 出事 chūshì 통 사고가 발생하다 ｜ 朋友 péngyou 명 친구 ｜ 生病 shēngbìng 통 병이 나다, 아프다 ｜ 住院 zhùyuàn 통 입원하다 ｜ 担心* dānxīn 통 걱정하다 ｜ 感觉 gǎnjué 통 느끼다 ｜ 难过* nánguò 형 괴롭다, 슬프다 ｜ 舒服* shūfu 형 편하다, 상쾌하다

친구가 아파서 병원에 입원(我的朋友生病住院了)해서 여자가 울고 있으므로, 여자는 지금 슬프다는 것을 알 수 있습니다. 정답은 A입니다.

24 ★★

女：这个车不去人民路吗？ 男：去，但<u>司机还没来</u>，门关着呢。 问：谁还没到？ 　　A 校长 　　B 司机 　　C 同事	여：이 차는 인민로에 안 가나요? 남：가요. <u>그런데 기사님이 아직 안 와서</u> 문이 닫혀 있어요. 질문：누가 아직 도착하지 않았는가? 　　A 교장 　　B 운전기사 　　C 동료

人民 rénmín 명 인민 ｜ 路 lù 명 길, 도로 ｜ 司机* sījī 명 기사, 운전사 ｜ 门 mén 명 문 ｜ 关* guān 통 닫다 ｜ 校长* xiàozhǎng 명 교장 ｜ 同事* tóngshì 명 동료

남자가 운전기사가 아직 안 왔다(司机还没来)고 했으므로 정답은 B입니다. 다른 보기는 녹음에서 언급되지 않았습니다.

✦**고득점 Tip** ｜ 조사 着

'동사+着(+목적어)+呢'는 행위나 상태의 지속을 표현하는 문장 형식입니다.

灯开着呢。등이 켜져 있다.

我们在这里玩着游戏呢。우리는 여기서 게임을 하고 있다.

'형용사+着呢'는 형용사의 정도를 강조하는 문장 형식입니다.

时间还早着呢。시간이 아직 매우 이르다.

他学习好着呢。그는 공부를 아주 잘한다.

25 ★★

男： 踢了一上午的足球。真渴啊，有什么
　　喝的吗？

女： 冰箱里有饮料，我给你拿来吧。

问： 男的怎么了？

　　A 很渴
　　B 没吃饱
　　C 需要休息

남: 오전 내내 축구를 했더니 정말 목말라요. 뭐 마실
　　거 있어요?
여: 냉장고에 음료수가 있으니까 내가 갖다줄게요.

질문: 남자는 어떠한가?

　　A 목마르다
　　B 배부르지 않다
　　C 쉬어야 한다

踢足球 tī zúqiú 축구하다 | 上午 shàngwǔ 몡 오전 | 渴* kě 혱 목마르다, 갈증 나다 | 冰箱* bīngxiāng 몡 냉장고 | 饮料*
yǐnliào 몡 음료 | 饱* bǎo 혱 배부르다 | 休息 xiūxi 툉 쉬다, 휴식하다

남자가 '真渴啊(정말 목마르다)' '有什么喝的吗?(뭐 마실 거 있어요?)'라고 한 것을 보아 정답은 A입니다. 오전 내내 축구
를 해서 휴식이 필요하다고 생각하여 C를 선택하면 안 됩니다. 녹음에 언급된 내용으로만 정답을 골라야 합니다.

26 ★★

女： 刷牙的时候，不仅要上下刷，还要左
　　右来回刷。

男： 好的，我记住了。

问： 女的在教男的什么？

　　A 跳舞
　　B 刷牙
　　C 打篮球

여: 이를 닦을 때는 위아래뿐만 아니라 좌우로도 왔다
　　갔다 하며 닦아야 해요.
남: 네, 기억했어요.

질문: 여자는 남자에게 무엇을 가르치고 있는가?

　　A 춤추기
　　B 이 닦기
　　C 농구하기

刷牙* shuā yá 이를 닦다 | 时候 shíhou 몡 때 | 要 yào 조툉 ~해야 한다 | 左右 zuǒyòu 몡 좌우, 왼쪽과 오른쪽 | 来回
láihuí 툉 여러 차례 왔다 갔다 하다 | 记住 jìzhù 툉 기억하다 | 教* jiāo 툉 가르치다 | 跳舞 tiàowǔ 툉 춤추다 | 打篮球 dǎ
lánqiú 농구를 하다

'刷牙的时候(이를 닦을 때)'라는 내용에서 보아 여자는 남자한테 이 닦는 법을 가르치고 있음을 알 수 있습니다. 정답은 B
입니다.

27 ★★★

男： 小方，这个行李箱这么大，我帮你拿吧。

女： 不用，里面只有几件衣服和一个笔记
　　本电脑。

남: 샤오팡, 이 트렁크가 이렇게 큰데, 내가 들어 줄게.
여: 괜찮아. 안에는 옷 몇 벌과 노트북 컴퓨터 하나뿐
　　이야.

问：男的想干什么?

  A 把车门打开

  B 把衣服拿出来

  C 给小方拿行李箱

질문: 남자는 무엇을 하고 싶은가?

  A 차문을 연다

  B 옷을 꺼낸다

  C 샤오팡의 트렁크를 들어 준다

行李箱* xínglixiāng 몡 트렁크, 여행용 가방 ┃ 不用 búyòng 면 ~할 필요가 없다 ┃ 只* zhǐ 면 단지, 다만 ┃ 件 jiàn 양 벌, 장, 건 [옷·사건 등을 세는 단위] ┃ 衣服 yīfu 몡 옷 ┃ 笔记本电脑* bǐjìběn diànnǎo 몡 노트북 컴퓨터 ┃ 车门 chēmén 몡 차문 ┃ 打开 dǎkāi 통 열다, 펼치다 ┃ 拿出来 ná chūlái 통 꺼내다

트렁크(行李箱)가 커서 남자가 '我帮你拿吧(내가 들어 줄게)'라고 했으므로 정답은 C입니다. 트렁크에 옷(衣服)이 있지만 남자가 꺼내려는 것은 아니므로 B는 함정입니다.

---

28 ★★★

女：电子邮件已经发好了吗?

男：发了，那边回信说明天下午两点，在咖啡馆见。

여: 메일은 이미 보냈어요?

남: 보냈어요. 그쪽에서 답장이 왔는데 내일 오후 두 시에 커피숍에서 만나자고 해요.

问：男的是什么意思?

  A 没发邮件

  B 咖啡馆没开门

  C 已经约好时间了

질문: 남자는 무슨 뜻인가?

  A 메일을 보내지 않았다

  B 커피숍이 문을 열지 않았다

  C 이미 약속 시간을 정했다

发* fā 통 보내다, 발송하다 ┃ 明天 míngtiān 몡 내일 ┃ 两 liǎng 주 2, 둘 ┃ 咖啡馆 kāfēiguǎn 몡 커피숍 ┃ 意思 yìsi 몡 의미 ┃ 开门 kāimén 통 문을 열다 ┃ 时间 shíjiān 몡 시간

내일 오후 두 시(明天下午两点)로 약속 시간을 정했으므로 정답은 C입니다. 남자가 메일을 보냈다(发了)고 했으므로 A는 정답이 아니고, 커피숍이 문을 열지 않았는지는 알 수 없으므로 B도 정답이 아닙니다.

---

29 ★★

男：你能看清楚这个世界地图上的字吗?

女：那上面的字太小了，有大一点儿的吗?

남: 이 세계 지도 위의 글자를 잘 볼 수 있나요?

여: 지도 위의 글씨가 너무 작아요. 좀 더 큰 것이 있나요?

问：女的觉得那张地图怎么样?

  A 太旧了

  B 字很小

  C 特别漂亮

질문: 여자는 그 지도가 어떠하다고 생각하는가?

  A 너무 낡았다

  B 글자가 작다

  C 아주 예쁘다

清楚* qīngchu 혱 분명하다, 뚜렷하다 ┃ 世界* shìjiè 몡 세계, 세상 ┃ 地图* dìtú 몡 지도 ┃ 字 zì 몡 글자 ┃ 觉得 juéde 통 ~라고 느끼다, ~라고 여기다 ┃ 漂亮 piàoliang 혱 예쁘다, 아름답다

여자는 지도 위의 글씨가 너무 작다(那上面的字太小了)고 했으므로 정답은 B입니다.

女: 这个题不会做，你可以教教我吗？ 男: 没问题。<u>其实很简单，我一说你就明 白了。</u> 问: 男的觉得这个题怎么样？ 　　A 很容易 　　B 不简单 　　C 不能自己做	여: 이 문제를 풀 수 없는데, 네가 가르쳐 줄 수 있어? 남: 문제없어. <u>사실 간단해.</u> 내가 알려 주면 바로 이해 　할 거야. 질문 : 남자는 이 문제가 어떠하다고 생각하는가? 　　A 아주 쉽다 　　B 간단하지 않다 　　C 혼자 할 수 없다

题 tí 뗑 문제 │ 问题 wèntí 뗑 문제 │ 其实* qíshí 뭐 사실 │ 一A就B yī A jiù B A하자마자 곧 B하다 │ 明白* míngbai 동
이해하다, 알다 │ 容易* róngyì 휑 쉽다 │ 自己* zìjǐ 때 자기, 자신, 스스로

남자는 이 문제가 아주 간단하다(很简单)고 했으므로 정답은 A입니다. '容易(쉽다)'와 '简单(간단하다)'은 '난도가 낮다'라
는 의미의 동의어입니다. B는 부정부사 '不'가 있으므로 함정입니다.

제4부분 31~40번은 4~5문장의 대화를 듣고 질문에 알맞은 보기를 선택하는 문제입니다.

男: 刘经理，您觉得小丁这个人怎么样？ 女: 之前在我们部门的时候，<u>很认真也很 努力。</u> 男: 我也比较看好他，所以想把这次会议 交给他去办。 女: 我觉得没问题。 问: 小丁怎么样？ 　　A 很聪明 　　B 不热情 　　C 努力做事	남: 류 팀장님, 샤오띵 이 사람이 어떻다고 생각하세요? 여: 전에 우리 팀에 있을 때 성실하고 열심이었어요. 남: 저도 눈여겨보고 있어요. 그래서 이번 회의를 그에 　게 맡겨 보려고요. 여: 제 생각에는 문제없어요. 질문: 샤오띵은 어떠한가? 　　A 똑똑하다 　　B 열정적이지 않다 　　C 열심히 일한다

刘 Liú 고유 류 [성씨] │ 经理* jīnglǐ 뗑 부서장, 팀장, 부장, 매니저 │ 之前 zhī qián ~의 전 │ 部门 bùmén 뗑 부서 │ 认真*
rènzhēn 휑 진지하다, 성실하다 │ 努力* nǔlì 휑 열심스럽다 │ 比较* bǐjiào 뭐 비교적, 꽤 │ 所以 suǒyǐ 젭 그래서, 그런 까닭에 │
会议* huìyì 뗑 회의, 미팅 │ 交 jiāo 동 건네다, 맡기다 │ 聪明* cōngming 휑 총명하다, 똑똑하다 │ 热情* rèqíng 휑 열정적이다,
친절하다

여자는 샤오띵을 아주 성실하고 열심(很认真也很努力)이라고 평가했고, 남자도 이에 동의하였으므로 정답은 C입니다.

32 ★★

女：您好，有什么可以帮您的？	여: 안녕하세요. 무엇을 도와드릴까요?
男：请问还有房间吗？	남: 혹시 아직 방이 있나요?
女：有一个单人间和一个双人间。	여: 1인실 하나, 2인실 하나 있습니다.
男：好吧，我要一个单人间。	남: 좋아요. 1인실로 하나 주세요.
问：他们很可能在哪儿？	질문: 그들은 어디에 있을 가능성이 높은가?
A 图书馆	A 도서관
B 办公室	B 사무실
C 宾馆大厅	C 호텔 로비

单人间 dānrénjiān 명 1인실, 싱글룸 │ 双人间 shuāngrénjiān 명 2인실, 트윈룸 │ 可能 kěnéng 조동 아마 ~할지도 모른다 │ 图书馆* túshūguǎn 명 도서관 │ 办公室* bàngōngshì 명 사무실 │ 宾馆 bīnguǎn 명 호텔 │ 大厅 dàtīng 명 홀, 로비

남자가 방이 있는지(还有房间吗？) 묻고, 여자가 '单人间(1인실, 싱글룸)' '双人间(2인실, 트윈룸)' 등 방의 종류를 이야기하는 것으로 보아, 두 사람은 객실에 대해 이야기하고 있음을 알 수 있습니다. 따라서 그들은 호텔 로비에 있다고 판단할 수 있습니다. 정답은 C입니다.

33 ★★

男：你好，我想试一下这件蓝色的衬衫。	남: 안녕하세요, 이 파란색 셔츠를 입어 보고 싶어요.
女：蓝色的就这一件，已经被您旁边这位客人买了。	여: 파란 것은 이것 하나뿐인데, 이미 옆의 이 손님이 사셨어요.
男：那还有别的颜色吗？	남: 그럼 다른 색상도 있나요？
女：还有红色和绿色的，您要试试吗？	여: 빨간색과 초록색이 있어요. 입어 보실래요?
问：男的想买什么？	질문: 남자는 무엇을 사고 싶은가?
A 衬衫	A 셔츠
B 裤子	B 바지
C 帽子	C 모자

试* shì 통 시도하다, 시험 삼아 해 보다 │ 一下 yíxià 수량 한번 ~해 보다, 시험 삼아 ~하다 │ 蓝色 lánsè 명 파란색 │ 衬衫* chènshān 명 셔츠, 블라우스 │ 被* bèi 개 ~에 의해 (당하다) │ 客人* kèrén 명 손님 │ 颜色 yánsè 명 색, 색깔 │ 绿色 lǜsè 명 초록색 │ 帽子* màozi 명 모자

남자는 파란색 셔츠를 입어 보고 싶다(我想试一下这件蓝色的衬衫)고 했으므로 정답은 A입니다.

⁺고득점 Tip | 부사 就

부사 '就'는 본래 동사 앞에서 동사를 수식하지만, '오직'이라는 뜻으로 쓸 때는 예외적으로 명사 앞에서 명사를 수식할 수 있습니다.

就我没迟到。 오직 나만 지각하지 않았다.

以前就他一个人知道，现在大家都知道了。 전에는 오직 그 사람 혼자 알았는데 지금은 모두가 다 알게 됐다.

34 ★★

女: 你儿子读大学了吧，在学校怎么样？

男: 因为这是他第一次离开家，<u>所以还是有点儿不习惯</u>。

女: 我的孩子也是，那他学的是什么？

男: 音乐，他从小就喜欢唱歌。

问: 儿子在大学里怎么样？

　　A 不爱唱歌

　　B 不太习惯

　　C 成绩越来越好

여: 아드님이 대학에 다니지요? 학교에서 어때요?

남: 아들이 집을 처음 떠난 것이라서, 아무래도 좀 적응하지 못했어요.

여: 우리 아이도 그래요. 그럼 아드님이 무엇을 공부하고 있나요?

남: 음악이요. 아들은 어렸을 때부터 노래 부르는 것을 좋아했어요.

질문: 아들은 대학에서 어떠한가?

　　A 노래하기 싫어한다

　　B 그다지 적응하지 못했다

　　C 성적이 갈수록 좋아졌다

读 dú 圄 학교에 다니다 | 学校 xuéxiào 圀 학교 | 因为 yīnwèi 젭 (주로 뒤 절의 所以 등과 호응하여) 왜냐하면 | 离开* líkāi 圄 떠나다, 벗어나다 | 还是* háishi 凰 여전히, 아직도 | 有点儿 yǒudiǎnr 凰 조금, 약간 | 习惯* xíguàn 圄 습관이 되다, 익숙하다 | 孩子 háizi 圀 아이 | 音乐* yīnyuè 圀 음악 | 唱歌 chànggē 圄 노래를 부르다 | 成绩* chéngjì 圀 성적 | 越* yuè 凰 ~할수록 [越来越: 갈수록 ~하다]

아들이 처음 집을 떠나서 좀 적응하지 못했다(还是有点儿不习惯)고 했으므로 정답은 B입니다. 아들은 어렸을 때부터 노래 부르는 것을 좋아했으므로(他从小就喜欢唱歌) A는 정답이 아닙니다. 성적과 관련된 내용은 언급되지 않았으므로 C도 정답이 아닙니다.

35 ★★

男: 喂，到哪儿了？就差你了。

女: 马上到你家楼下了，但是我忘记你住几号了。

男: <u>八层八零一</u>，下了电梯，右边第一家就是。

女: 知道了，我这就上去。

问: 男的家在第几层？

　　A 1层

　　B 8层

　　C 18层

남: 여보세요, 어디까지 왔어? 너만 남았어.

여: 곧 너네 집 밑에 도착해. 그런데 네가 몇 호에 사는지 잊어버렸어.

남: 8층 801호야. 엘리베이터에서 내려서 오른쪽 첫 번째 집이야.

여: 알겠어. 금방 올라갈게.

질문: 남자의 집은 몇 층에 있는가?

　　A 1층

　　B 8층

　　C 18층

喂 wéi 젭 여보세요 [원래 제4성이지만 통화할 때는 제2성으로 발음하기도 함] | 忘记* wàngjì 圄 잊어버리다 | 号 hào 翅 호 | 层* céng 翅 층 | 零 líng 㿛 영(0), 공 | 电梯* diàntī 圀 엘리베이터 | 右边 yòubiān 圀 오른쪽, 우측 | 家 jiā 翅 [집·점포·공장 등을 세는 단위] | 这就 zhè jiù 이제, 곧

여자가 남자의 집이 몇 호인지 모르겠다고 하자, 남자가 '八层八零一(8층 801호)'라고 했으므로 남자의 집은 8층에 있다는 것을 알 수 있습니다. 정답은 B입니다.

36 ★★★

女：上星期日，我不小心把护照忘在出租车上了。

男：是吗？那找回来了吗？

女：嗯，那位司机给我送了回来。

男：你真是遇到了一个很好的司机，以后一定要小心啊。

问：司机为什么来找女的？

　　A 还给她钱

　　B 帮她找手机

　　C 送回来护照

여：지난주 일요일에 나는 실수로 여권을 택시에 두고 내렸어.

남：그래? 그럼 다시 찾았어?

여：응, 기사님이 나에게 가져다주셨어.

남：정말 좋은 기사님을 만났네. 앞으로 꼭 조심해야 돼.

질문：기사는 왜 여자를 찾아왔는가？

　　A 그녀에게 돈을 돌려주려고

　　B 그녀의 휴대폰을 찾아 주려고

　　C 여권을 가져다주려고

星期日 xīngqīrì 명 일요일 | 护照* hùzhào 명 여권 | 忘 wàng 동 잊다 | 出租车 chūzūchē 명 택시 | 送 sòng 동 보내다, 선물하다 | 遇到* yùdào 동 (우연히) 만나다, 마주치다 | 以后 yǐhòu 명 이후 | 为什么 wèi shénme 대 왜, 어째서 | 还* huán 동 돌려주다 | 手机 shǒujī 명 휴대폰

녹음 앞부분에서 여자가 지난주에 여권을 택시에 두고 왔음(我不小心把护照忘在出租车上了)을 알 수 있고 이어서 택시 기사가 다시 가져다줬다(那位司机给我送了回来)고 했으므로 정답은 C입니다. 돈이나 휴대폰에 관한 내용은 언급되지 않았습니다.

37 ★★★

男：我买了一箱香蕉，快来帮帮我吧。

女：怎么买这么多，多少钱一斤？

男：八块五，但买一箱能便宜不少。

女：但这么多我们也吃不完啊！

问：女的是什么意思？

　　A 箱子很大

　　B 水果便宜

　　C 香蕉太多

남：바나나를 한 상자 샀는데, 빨리 와서 나를 좀 도와줘.

여：왜 이렇게 많이 샀어? 한 근에 얼마야?

남：8.5위안인데 한 상자를 사면 훨씬 싸.

여：하지만 이렇게 많으면 우리도 다 먹을 수 없잖아!

질문：여자는 무슨 뜻인가？

　　A 상자가 크다

　　B 과일이 싸다

　　C 바나나가 너무 많다

香蕉* xiāngjiāo 명 바나나 | 斤 jīn 양 근 [약 500g] | 水果 shuǐguǒ 명 과일 | 箱子 xiāngzi 명 상자, 박스

여자가 이렇게 많으면 다 먹을 수 없다(这么多我们也吃不完啊)고 했으므로 정답은 C입니다. 남자가 한 상자를 사면 훨씬 싸다(买一箱能便宜不少)고 했으므로 B는 남자의 생각입니다.

38 ★★

女: 你家旁边这个公园环境真不错。

男: 是啊，这个时候树都绿了，花儿也开了。

女: 而且很安静，空气也很好。

男: 看，我常常会坐在前面的椅子上休息。

问: 男的觉得那个公园怎么样？

　　A 环境好

　　B 不安静

　　C 人比较多

여: 너희 집 옆의 이 공원은 환경이 정말 좋구나.

남: 맞아, 요맘때는 나무가 푸르러지고 꽃도 피었어.

여: 그리고 조용하고 공기도 좋아.

남: 봐, 난 항상 앞의 의자에 앉아서 쉬어.

질문: 남자는 그 공원이 어떠하다고 생각하는가?

　　A 환경이 좋다

　　B 조용하지 않다

　　C 사람이 비교적 많다

公园* gōngyuán 몡 공원 | 环境* huánjìng 몡 환경 | 树* shù 몡 나무 | 绿* lǜ 혱 푸르다, 녹색이다 | 安静* ānjìng 혱 조용하다, 고요하다 | 空气 kōngqì 몡 공기 | 常常 chángcháng 뿐 항상, 자주 | 前面 qiánmian 몡 앞 | 椅子 yǐzi 몡 의자

여자가 이 공원은 환경이 좋다(这个公园环境真不错)고 했을 때 남자는 '맞아(是啊)'라고 동의했으므로 정답은 A입니다.

39 ★★

男: 晚上吃什么？

女: 在冰箱第一层有我昨天买的鱼，我们做鱼吃吧。

男: 好啊，那你想吃米饭还是面条？

女: 面条吧，你上次做的很好吃。

问: 他们晚上要吃什么？

　　A 鱼和面条

　　B 鱼和米饭

　　C 米饭和面条

남: 저녁에 무엇을 먹을까?

여: 냉장고 첫 번째 칸에 내가 어제 산 생선이 있어. 우리 생선요리 해서 먹자.

남: 좋아, 그럼 너는 밥을 먹고 싶어, 아니면 국수를 먹고 싶어?

여: 국수 먹자. 네가 지난번에 만들었던 거 맛있었어.

질문: 그들은 저녁에 무엇을 먹으려고 하는가?

　　A 생선과 국수

　　B 생선과 밥

　　C 밥과 국수

晚上 wǎnshang 몡 저녁, 밤 | 昨天 zuótiān 몡 어제 | 鱼 yú 몡 물고기, 생선 | 米饭 mǐfàn 몡 쌀밥 | 面条 miàntiáo 몡 국수 | 好吃 hǎochī 혱 맛있다

여자가 생선요리 해서 먹자(我们做鱼吃吧)고 했으므로 정답은 A나 B 중 하나입니다. 남자가 밥이 먹고 싶은지 국수를 먹고 싶은지 묻자 여자는 국수를 먹자(面条吧)고 했으므로 정답은 A입니다.

40 ★★★

女: 飞机几点起飞？

男: 八点一刻。

女: 还有几站到机场？不会晚吧？

男: 下一站就是，不会迟到的。

여: 비행기는 몇 시에 이륙해?

남: 8시 15분.

여: 공항까지 아직 몇 정거장 남았어? 늦지는 않겠지?

남: 바로 다음 역이야. 늦지 않을 거야.

问 : 关于女的, 可以知道什么?	질문: 여자에 관하여 무엇을 알 수 있는가?
A 着急	A 조급하다
B 在打电话	B 전화를 하고 있다
C 没坐上飞机	C 비행기를 타지 못했다

飞机 fēijī 몡 비행기 | 起飞* qǐfēi 통 (비행기·로켓 등이) 이륙하다 | 刻* kè 얭 15분 | 机场 jīchǎng 몡 공항 | 迟到* chídào 통 지각하다 | 关于* guānyú 게 ~에 관하여 | 着急* zháojí 혱 조급하다, 당황하다 | 打电话 dǎ diànhuà 전화를 걸다

여자가 '还有几站到机场? 不会晚吧?(공항까지 아직 몇 정거장 남았어? 늦지는 않겠지?)'라고 한 것은 늦을까 봐 걱정하는 것이므로 조급하다(着急)는 것을 알 수 있습니다. 정답은 A입니다. 여자의 말에 남자가 바로 다음 역(下一站就是)이라고 답한 것은, 지금 남자와 여자가 같이 있다는 것이므로 B는 정답이 아닙니다. 또한 남자가 늦지 않을 것(不会迟到的)이라고 한 것은 아직 비행기를 놓치지 않은 것이므로 C도 정답이 아닙니다.

二、阅读 독해

제1부분 41~50번은 주어진 문장과 어울리는 보기를 선택하는 문제입니다.

41-45

A 对不起, 刚才我在看电影, 把手机关了。	A 미안해. 방금 영화 보는 중이어서 휴대폰을 껐어.
B 大城市里机会更多, 住起来也更方便。	B 대도시에는 기회가 더 많고, 살기에도 더 편해요.
C 老师, 一个人可以参加几个比赛?	C 선생님, 한 사람이 몇 개의 경기에 참가할 수 있나요?
D 我刚才在十字路口遇到叔叔了。	D 저는 방금 전에 사거리에서 삼촌을 만났어요.
E 当然。我们先坐公共汽车, 然后换地铁。	E 당연하지. 우리는 먼저 버스를 타고 지하철로 갈아타.
F 谢谢你照顾我的儿子。	F 제 아들을 돌봐 주셔서 감사합니다.

41 ★★

A: 我给你打了好几个电话, 你怎么一个都没接呢?	A: 내가 너에게 여러 번 전화했는데 너는 왜 하나도 안 받았어?
B: (A 对不起, 刚才我在看电影, 把手机关了。)	B: (A 미안해. 방금 영화 보는 중이어서 휴대폰을 껐어.)

刚才* gāngcái 몡 방금, 막 | 电影 diànyǐng 몡 영화 | 关* guān 통 (전자제품·기계 등을) 끄다

문제의 '打电话(전화하다)' '接(받다)'와 A의 '关手机(휴대폰을 끄다)'가 연관된 표현이므로 A가 정답으로 적절합니다. 한편 개사 '把'는 목적어를 동사의 앞으로 이동시키고 어떻게 처리했는지를 강조할 수 있습니다. '把手机关了'는 '关了(꺼 버렸다)'를 강조하는 '把'자문입니다.

42 ★★

| A: (F 谢谢你照顾我的儿子。) | A: (F 제 아들을 돌봐 주셔서 감사합니다.) |
| B: 不客气，我的女儿和他玩儿得很高兴。 | B: 별말씀을요. 제 딸도 아드님과 재미있게 놀았는걸요. |

照顾* zhàogù 동 돌보다, 보살피다 | 不客气 bú kèqi 천만에요, 별말씀을요 | 女儿 nǚ'ér 명 딸 | 玩 wán 동 놀다 | 高兴 gāoxìng 형 기쁘다

'谢谢(감사합니다)'의 대답으로는 '不客气' '别客气' '不谢' 등이 쓰입니다. 지시대사 '他'는 남성을 가리키는 것으로, 이 문제에서는 '我的儿子(제 아들)'를 지칭합니다. 따라서 정답은 F입니다.

43 ★★

| A: 下星期的运动会，我希望每一位同学都能参加。 | A: 다음 주의 운동회에 모든 학생들이 참가하면 좋겠다. |
| B: (C 老师，一个人可以参加几个比赛?) | B: (C 선생님, 한 사람이 몇 개의 경기에 참가할 수 있나요?) |

运动会 yùndònghuì 명 운동회, (스포츠) 대회 | 希望 xīwàng 동 바라다, 희망하다 | 参加* cānjiā 동 참가하다, 참석하다 | 比赛* bǐsài 명 경기, 시합

문제의 '运动会(운동회)'와 C의 '比赛(시합)'는 의미가 유사한 단어이며, 문제의 '同学(학우)'와 C의 '老师(선생님)'도 서로 연관 있는 단어입니다. C가 답으로 적합합니다.

44 ★★★

| (B 大城市里机会更多，住起来也更方便。)所以很多年轻人离开家去那儿工作。 | (B 대도시에는 기회가 더 많고, 살기에도 더 편해요.) 그래서 많은 젊은이들이 집을 떠나서 그곳에서 일해요. |

城市* chéngshì 명 도시 | 机会* jīhuì 명 기회 | 起来* qǐlái 동 (다른 동사와 형용사 사이에 쓰여) ~하기에 ~하다 | 年轻* niánqīng 형 젊다, 어리다 | 工作 gōngzuò 동 일하다

이 문제에서 장소나 시간을 가리키는 지시대사 '那儿'은 B의 '大城市(대도시)'를 가리킵니다. 또한 원인과 결과를 연결하는 접속사 '所以(따라서)'가 있으므로 '많은 젊은이가 집을 떠나서 그곳에서 일하는' 이유가 앞에 제시되어야 합니다. 따라서 B가 답이라는 것을 알 수 있습니다.

45 ★★

| (D 我刚才在十字路口遇到叔叔了。) 他让我告诉你，晚上在他家一起吃他做的饭。 | (D 저는 방금 전에 사거리에서 삼촌을 만났어요.) 삼촌은 저로 하여금 당신에게 저녁에 삼촌 집에서 같이 삼촌이 한 밥을 먹자고 전하라고 하셨어요. |

十字路口 shízì lùkǒu 명 사거리, 네거리 | 叔叔* shūshu 명 삼촌, 아저씨 | 告诉 gàosu 동 알리다 | 吃饭 chī fàn 밥을 먹다, 식사를 하다

남성을 가리키는 지시대사 '他'는 D의 '叔叔(삼촌)'를 지칭합니다. '주어+让+겸어+동사'의 사역문 형식은 [주어]가 [겸어]로 하여금 [동사]하도록 시키다'라는 뜻입니다.

A 喂，我到了机场，怎么看不见你呢？
B 他长得又胖又可爱。
C 不好，才73分，比上次还差呢。
D 我虽然最近真的忙极了，但是一定会去的。
E 没有，我刚才喝了一点儿红酒。

A 여보세요, 나는 공항에 도착했는데 왜 너는 안 보여?
B 쟤 뚱뚱하고 사랑스럽게 생겼다.
C 안 좋아. 겨우 73점이야. 지난번보다 더 나빠.
D 비록 제가 요즘 정말 바쁘지만, 반드시 가겠습니다.
E 아니야, 내가 방금 레드 와인을 좀 마셨거든.

46 ★★★

| A: 你的脸怎么这么红，哪儿不舒服吗？ | A: 너 얼굴이 왜 이렇게 빨개? 어디 불편하니? |
| B: (E 没有，我刚才喝了一点儿红酒。) | B: (E 아니야, 내가 방금 레드 와인을 좀 마셨거든.) |

脸* liǎn 몡 얼굴 | 红 hóng 혱 붉다, 빨갛다 | 红酒 hóngjiǔ 몡 레드 와인, 적포도주

'你的脸怎么这么红?(얼굴이 왜 이렇게 빨개?)'이라는 내용과 '我刚才喝了一点儿红酒(방금 레드 와인을 좀 마셨거든)'라는 내용이 맥락상 자연스럽습니다.

47 ★★

| A: (B 他长得又胖又可爱。) | A: (B 쟤 뚱뚱하고 사랑스럽게 생겼다.) |
| B: 是啊，我第一次看到她的孩子呢。 | B: 맞아, 난 그녀의 아이를 처음 봐. |

长* zhǎng 용 생기다 | 又A又B yòu A yòu B A하기도 하고 B하기도 하다 | 胖* pàng 혱 뚱뚱하다, 살찌다 | 可爱* kě'ài 혱 귀엽다, 사랑스럽다

지시대사 '他'가 가리키는 것은 '她的孩子(그녀의 아이)'입니다. 문제의 '孩子'와 B의 '胖(뚱뚱하다)' '可爱(사랑스럽다)'가 맥락상 잘 어울립니다.

48 ★★

| A: 我下个月23号结婚，希望你能过来。 | A: 저는 다음달 23일에 결혼해요. 당신이 올 수 있으면 좋겠어요. |
| B: (D 我虽然最近真的忙极了，但是一定会去的。) | B: (D 비록 제가 요즘 정말 바쁘지만, 반드시 가겠습니다.) |

结婚* jiéhūn 용 결혼하다 | 虽然 suīrán 젭 (주로 뒤 절의 但是, 但 등과 호응하여) 비록 ~하지만 | 最近* zuìjìn 몡 최근, 요즘 | 忙 máng 혱 바쁘다

'希望你能过来(당신이 올 수 있으면 좋겠어요)'에 대한 대답으로 '一定会去的(반드시 가겠습니다)'가 맥락상 적절합니다.

49 ★★★

A: （ A 喂，我到了机场，怎么看不见你呢？ ） B: 不好意思，我走错路了，马上就到。	A: （ A 여보세요. 나는 공항에 도착했는데 왜 너는 안 보여? ） B: 미안해. 길을 잘못 들었어. 곧 도착해.

看不见 kàn bu jiàn 图 보이지 않다 | 不好意思 bù hǎoyìsi 미안합니다 | 走 zǒu 图 가다 | 错 cuò 图 틀리다, 잘못되다

'不好意思(미안하다)'라는 사과와 '马上就到(곧 도착하다)'라는 내용으로 약속에 늦은 상황임을 알 수 있습니다. 따라서 '怎么看不见你呢?(왜 너는 안 보여?)'라는 내용이 있는 A가 맥락상 적절합니다.

50 ★★

A: 这次的英语成绩怎么样？ B: （ C 不好，才73分，比上次还差呢。 ）	A: 이번 영어 성적이 어때? B: （ C 안 좋아. 겨우 73점이야. 지난번보다 더 나빠. ）

才* cái 图 겨우, 고작, 기껏 | 分* fēn 图 점, 포인트 | 差* chà 图 나쁘다, 엉망이다

이번 영어 성적(这次的英语成绩)에 대해 물었기 때문에 지난번(上次)과 비교하는 내용인 C가 정답입니다. 성적은 점수로 나타내는 경우가 많다는 것도 문제 풀이의 힌트가 될 수 있습니다.

✦고득점 Tip | 부사 才

부사 '才'는 '겨우, 고작'이라는 뜻으로 수량이나 횟수가 적다는 것을 나타냅니다.

他早饭才吃了一半。 그는 아침을 겨우 반만 먹었다.

李老师看表发现现在才9点半。 리 선생님은 시계를 보고 지금이 겨우 9시 반이라는 걸 알았다.

제2부분 51~60번은 문장 속 빈칸에 들어갈 보기를 선택하는 문제입니다.

51-55

A 试* shì 图 시도하다, 시험 삼아 해 보다	B 年轻* niánqīng 图 젊다, 어리다
C 瓶子* píngzi 图 병	D 不但* búdàn 图 ~뿐만 아니라
E 声音* shēngyīn 图 소리, 목소리	F 以前* yǐqián 图 과거, 이전, 예전

51 ★★★

这个裙子看起来很不错，我想（ A 试 ）一下。	이 치마는 괜찮아 보여. 한번 （ A 입어 보고 ） 싶어.

조동사 '想(~하고 싶다)'과 '一下(한번 ~해 보다)' 사이의 빈칸에는 동사를 써야 합니다. 보기 중 동사는 A '试(시험 삼아 해 보다)'뿐입니다.

---

52 ★★

今天回家的路上，我遇到了（ F 以前 ）的
同学。

오늘 집에 돌아가는 길에 나는 （ F 예전 ）의 학교 친구
를 만났다.

回家 huíjiā 통 집으로 돌아가다

'的'와 함께 명사 '同学(학교 친구, 동창)'를 수식할 수 있는 보기는 B '年轻(젊다)'과 F '以前(과거, 이전, 예전)'인데, 맥락상 더
자연스러운 것은 '以前'입니다. 또한 54번 문제에서 B '年轻'만 답이 될 수 있으므로 이 문제의 답을 F로 판단할 수 있습니다.

---

53 ★★★

他（ D 不但 ）经常请假回家，也经常不上
课，一点儿也不认真。

그는 자주 조퇴할 （ D 뿐만 아니라 ）, 자주 수업에 안
나온다. 조금도 성실하지 않다.

经常* jīngcháng 부 늘, 항상, 자주 ｜ 请假* qǐngjià 통 휴가·조퇴·결석 등을 신청하다 ｜ 上课 shàngkè 통 수업하다

접속사 '不但'은 '不但A，而且也B'의 형식으로 쓰여 'A할 뿐만 아니라 B하기도 하다'라는 뜻을 나타냅니다. 이 문제에서 접
속사 '而且'는 생략되었지만 부사 '也'가 있고, 앞 절과 뒤 절이 점층적인 내용을 나타내므로 D '不但'이 답으로 적절합니다.

---

54 ★★

这张照片是十年以前的，那时候我还很
（ B 年轻 ）。

이 사진은 10년 전의 것이야. 그때는 나도 아직 （ B 젊
었지 ）.

照片* zhàopiàn 명 사진

'很, 非常, 特别, 太, 更, 最' 등 정도부사의 뒤에 쓸 수 있는 것은 형용사나 일부 묘사적인 동사입니다. 행위나 움직임을 나
타내는 동사나 명사는 쓸 수 없습니다. 보기 중 유일한 형용사는 B '年轻(젊다)'이고, 10년 전에 찍은 사진에 대한 내용이므
로 맥락상으로도 적절합니다.

---

55 ★★

桌上有个（ C 瓶子 ），你帮我拿来。

탁자 위에 （ C 병 ）이 하나 있는데, 나 좀 가져다줘.

양사 뒤의 빈칸에 쓸 수 있는 것은 명사인데, 보기 중 명사는 C '瓶子(병)'뿐입니다.

56-60

A 才* cái 부 비로소   B 接* jiē 통 맞이하다, 마중하다

C 满意* mǎnyì 형 만족하다, 만족스럽다   D 爱好* àihào 명 취미

E 或者* huòzhě 접 혹은, 또는   F 地方* dìfang 명 부분, 점

A: 那个地方怎么走？ B: 坐出租到北京大学东门就可以，（ E 或者 ）等我下班，跟我一起去。	A: 그곳은 어떻게 가요? B: 택시를 타고 베이징대학 동문에 가면 돼요. (E 혹은) 제가 퇴근할 때까지 기다렸다가, 저와 함께 갑시다.

地方* dìfang 몡 장소, 곳 | 出租 chūzū 몡 택시 [=出租车] | 北京 Běijīng 고유 베이징 [지명] | 东* dōng 몡 동쪽, 동녘 | 可以 kěyǐ 휑 좋다, 괜찮다 | 下班 xiàbān 통 퇴근하다 | 跟* gēn 깨 ~과

접속사는 단어나 문장을 연결하는 문장성분입니다. 이 문제의 빈칸은 '坐出租到北京大学东门就可以(택시를 타고 베이징대학 동문에 가면 돼요)'와 '等我下班，跟我一起去(제가 퇴근할 때까지 기다렸다가, 저와 함께 갑시다)' 두 문장을 연결하고 있으므로, 빈칸에는 접속사가 들어가야 합니다. 보기 중 접속사는 E '或者(혹은, 또는)'뿐입니다.

✦고득점 Tip | 예문 더 보기

你或者他，我都没关系。 너나 그 사람, 나는 다 괜찮아. [단어 연결]

我明天去，或者后天去。 나는 내일 가거나 모레 가. [문장 연결]

A: 你为什么这么早起床了？ B: 最近我胖了，只有多运动（ A 才 ）能瘦下来。	A: 너 왜 이렇게 일찍 일어났어? B: 내가 요즘 살이 쪘는데, 운동을 많이 해야만 (A 비로소) 살을 뺄 수 있어.

只有* zhǐyǒu 젭 ~해야만 | 运动 yùndòng 통 운동하다 | 瘦* shòu 휑 마르다, 야위다

부사 '才'는 숫자 앞에 쓰여 '겨우, 고작, 기껏'이라는 뜻으로 쓰기도 하지만, '只有A才B'의 복문 형식으로 쓰면 'A해야만 비로소 B하다'라는 뜻을 나타냅니다. 정답은 A입니다.

✦고득점 Tip | 조건의 只有A才B

'只有A才B'는 'A해야만 비로소 B하다'라는 뜻의 조건문 형식입니다. 복문은 보통 두 개의 문장이 쉼표로 연결되지만, 두 문장의 주어가 같고 뒤 문장에 접속사가 없는 경우 쉼표를 생략하고 하나의 문장으로 축약하기도 합니다.

只有那个才是解决问题的办法。 그것만이 비로소 문제를 해결할 수 있는 방법이다.

只有你自己愿意去，爸妈才让你去。 네가 스스로 가기를 원해야만 아빠 엄마는 비로소 너를 보낼 거야.

A: 谢谢你去火车站（ B 接 ）我奶奶。 B: 别客气，都是自己人嘛。	A: 기차역에 우리 할머니를 (B 마중 나가) 줘서 고마워. B: 고맙기는. 다 가족 같은 사이인데.

火车站 huǒchēzhàn 몡 기차역 | 奶奶* nǎinai 몡 할머니 | 自己人 zìjǐrén 몡 자기 사람, 친한 사람, 가족 같은 사이 | 嘛 ma 조 [문장 끝에 쓰여 당연하다는 어기를 나타냄]

동사 '接'는 '(전화 등을) 받다'라는 뜻과 '(사람을) 마중하다'라는 뜻이 있습니다. 이 문제에서는 '我奶奶(우리 할머니)'를 목적어로 취하고 있으므로 '마중하다'라는 뜻으로 썼습니다.

59 ★★

A: 他这次考试考得怎么样? 比上次好吗? B: 很不错, 他自己很 (C 满意)。	A: 그는 이번에 시험 본 것이 어때? 지난번보다 좋아? B: 괜찮아. 그 스스로가 (C 만족했어)。

考试 kǎoshì 통 시험을 치다 | 比 bǐ 개 ~에 비해, ~보다

정도부사 뒤에는 주로 형용사가 쓰이며, 일부 동사도 가능합니다. 보기 중 유일한 형용사는 C '满意(만족하다, 만족스럽다)' 입니다. 성적이 괜찮다(很不错)는 내용을 보고 맥락상으로도 '满意'가 적절함을 알 수 있습니다.

60 ★★

A: 爸爸, 你看, 我画的这只鸟怎么样? B: 除了嘴长了点儿, 其他(F 地方)都很像。	A: 아빠, 보세요. 제가 그린 이 새가 어때요? B: 부리가 좀 긴 것을 제외하면 다른 (F 부분)은 다 닮았구나.

画* huà 통 그리다 | 只* zhī 양 마리 [동물을 세는 단위] | 除了* chúle 접 (주로 뒤 절의 都, 也, 还 등과 호응하여) ~을 제외하고 | 其他* qítā 대 기타, 그 외 | 像* xiàng 통 같다, 비슷하다, 닮다

'地方'은 'dìfāng'으로 발음할 때는 '중앙'와 대비되는 '지방'이라는 뜻이지만 'difang'으로 발음하면 '부분, 점' 또는 '장소, 곳'이라는 뜻입니다. 부리를 제외한 다른 '부분'을 말하고 있으므로 F가 정답입니다.

제3부분 61~70번은 단문을 읽고 질문에 알맞은 보기를 선택하는 문제입니다.

61 ★★★

很多人认为迟到是件小事, 慢慢就习惯迟到了。其实迟到是很不好的习惯, 它会影响别人, 就是让他们白白地花时间。	많은 사람들은 지각을 사소한 일이라고 생각해서, 서서히 지각에 익숙해진다. 사실 지각은 아주 나쁜 습관이다. 그것은 다른 사람에게 피해를 주는데, 바로 그들로 하여금 공연히 시간을 쓰게 한다.
★ 他认为, 迟到: 　A 是坏习惯 　B 是一件小事 　C 对别人影响不大	★ 그가 생각하기에 지각은: 　A 나쁜 습관이다 　B 사소한 일이다 　C 다른 사람에게 영향이 크지 않다

认为* rènwéi 통 여기다, 생각하다 | 慢 màn 형 느리다 | 习惯* xíguàn 통 습관이 되다, 익숙하다 명 습관, 풍속 | 影响* yǐngxiǎng 통 영향을 주다, 지장을 주다 명 영향 | 别人* biérén 대 남, 타인 | 白白 báibái 부 공연히, 헛되이 | 地* de 조 [관형어로 쓰이는 단어나 구 뒤에 쓰여, 중심어를 수식함] | 坏* huài 형 나쁘다

일반적인 사람들의 생각을 먼저 제시하고, 반대되는 화자의 의견을 밝히는 구조의 지문입니다. 화자의 의견과 같이 핵심적인 내용은 '其实(사실은)' '但是(하지만)' 등 역접을 나타내는 표현 뒤에 등장하는 경우가 많습니다. 따라서 이 문제에서 '很多人认为迟到是件小事(많은 사람들은 지각을 사소한 일이라고 생각한다)'는 일반적인 사람의 생각이므로 B는 정답이 아닙니다. '其实迟到是很不好的习惯(사실 지각은 아주 나쁜 습관이다)'이 화자, 즉 질문 속 '他'의 생각이므로 A가 정답입니다. '坏'는 동사로 '망가지다, 상하다'라는 뜻도 있지만 형용사 '나쁘다'라는 뜻으로도 자주 쓰입니다. 예를 들어 '坏人(나쁜 사람, 악당)' '坏朋友(나쁜 친구)' '坏影响(나쁜 영향)'과 같이 씁니다.

'白'는 '희다, 하얗다'라는 뜻의 형용사이지만, 부사로는 '공연히, 헛되이' 혹은 '공짜로'라는 의미가 있습니다.

怎么办? 我白花了很多钱。 어떡하지? 나는 헛되이 많은 돈을 썼어.

我不喜欢在家里白吃饭。 나는 집에서 공짜로 밥 먹는 게 싫다. (나는 집에서 놀고먹는 게 싫다.)

---

62 ★★★

我妈妈是司机，她很努力工作，每天早上洗车，用手机找客人，一有客人要车就去接，但要照顾我的时候，就关手机不工作。

우리 엄마는 운전기사다. 엄마는 열심히 일한다. 매일 아침 세차를 하고 휴대폰으로 손님을 찾는다. 차를 원하는 손님이 있기만 하면 바로 모시러 간다. 하지만 나를 돌봐야 할 때는 휴대폰을 끄고 일을 하지 않는다.

★ 她妈妈:
　A 不工作
　B 每天洗车
　C 是公共汽车司机

★ 그녀의 엄마는:
　A 일을 하지 않는다
　B 매일 세차를 한다
　C 버스 운전기사다

努力* nǔlì 통 노력하다 | 洗 xǐ 통 씻다, 빨다, 세탁하다

엄마는 매일 아침 세차를 한다(每天早上洗车)고 했으므로 정답은 B입니다. 운전기사지만 휴대폰으로 손님을 찾고(用手机找客人) 손님을 모시러 간다(一有客人要车就去接)고 하는 것을 보아 콜택시나 디디추싱, 우버 등 차량 공유 서비스에 종사하는 것으로 보입니다. 따라서 C는 정답이 아닙니다. 일을 하지 않는다(不工作)고 한 것은 '나를 돌봐야 할 때(要照顾我的时候)'라는 조건이 있으므로 A도 정답이 아닙니다.

---

63 ★★★

我的老家一年有四个季节，春天比较长，天气很好；夏天雨天多，不下雨就很热；秋天是我最喜欢的季节，不冷不热，附近的山和水都很漂亮；冬天不经常下雪，但真的冷极了。

우리 고향은 일 년에 사계절이 있다. 봄은 긴 편이고 날씨가 좋다. 여름에는 비가 오는 날이 많고 비가 안 오면 덥다. 가을은 내가 가장 좋아하는 계절인데 춥지도 덥지도 않고 적당하다. 근처의 산과 강은 모두 아름답다. 겨울에는 눈이 자주 내리지 않지만 정말 아주 춥다.

★ 他老家:
　A 冬天很冷
　B 秋天天气不好
　C 夏天不怎么下雨

★ 그의 고향은:
　A 겨울에 춥다
　B 가을에 날씨가 나쁘다
　C 여름에 비가 별로 안 온다

老家 lǎojiā 명 고향 집, 고향 | 季节* jìjié 명 계절 | 春天 chūntiān 명 봄 | 天气 tiānqì 명 날씨 | 夏天 xiàtiān 명 여름 | 热 rè 형 덥다 | 秋天 qiūtiān 명 가을 | 不A不B bù A bù B A하지도 않고 B하지도 않다, 정도가 적당하다 | 冷 lěng 형 춥다 | 冬天 dōngtiān 명 겨울 | 不经常 bù jīngcháng 어쩌다 | 雪 xuě 명 눈 | 不怎么 bù zěnme 별로, 그다지

'형용사+极了' 형식은 '극히 ~하다'라는 뜻으로 '真的冷极了(정말 아주 춥다)'에서 그의 고향은 겨울에 매우 춥다는 것을 알 수 있습니다. 따라서 A가 정답입니다. '不A不B' 형식에서 A와 B에 각각 의미가 반대되는 형용사가 쓰이면 '정도가 적당하다'라는 뜻이 됩니다. 예를 들어 '不大不小(크기가 적당하다)' '不高不低(높이가 적당하다)'와 같이 씁니다. 따라서 B는 답이 아닙니다.

✦고득점 Tip | 문장부호 分号(;)

쌍반점(;)을 중국어에서는 '分号'라고 합니다. 말 그대로 문장을 나누는 역할을 하며, 주로 병렬이나 대비 관계의 문장 사이에 씁니다.

要学好画画儿，第一，要老师教得好；第二，必须多练习。
그림 그리기를 잘 배우려면, 첫째는 선생님이 잘 가르쳐야 하고, 둘째는 반드시 많이 연습해야 한다. [병렬]

有些人不喜欢吃蛋糕，是因为太甜了；有些人不喜欢吃蛋糕，是因为害怕长胖。
어떤 사람이 케이크 먹는 걸 싫어하는 것은 너무 달기 때문이고, 어떤 사람이 케이크 먹는 걸 싫어하는 것은 살찔 것이 걱정되기 때문이다. [대비]

64 ★★

最近越来越多的人在网上买东西，因为网上买东西很方便，<u>不用出门</u>，东西就送到家，没电脑就可以用手机，年轻人更喜欢用手机买东西。	최근에 점점 많은 사람들이 인터넷으로 물건을 산다. 인터넷에서 물건을 사는 것이 편리하기 때문이다. 집을 나설 필요 없이 물건이 집으로 배송된다. 컴퓨터가 없으면 휴대폰을 쓰면 된다. 젊은 사람들은 휴대폰으로 물건 사는 것을 더 좋아한다.
★ 在网上买东西： 　A 很便宜 　B 不需要出门 　C 必须要用手机	★ 인터넷에서 물건을 사는 것은： 　A 저렴하다 　B 집을 나설 필요가 없다 　C 반드시 휴대폰을 써야 한다

电脑 diànnǎo 명 컴퓨터 | 必须* bìxū 부 반드시

'不用(~할 필요 없다)'은 '不需要(~할 필요 없다)'와 동의어입니다. 따라서 정답은 B입니다. '方便(편리하다)'과 '便宜(싸다)'를 혼동하면 안 됩니다. 또한 지문에 '手机(휴대폰)'가 언급되지만 컴퓨터 대신 사용할 수 있다고 했을 뿐, 필수적이라고 하지는 않았으므로 C도 정답이 아닙니다.

65 ★★

喂，我是昨天在你们店买一件白衬衫和绿裤子的人，<u>我回家才发现那件衬衫买大了</u>，能不能换小点儿的？	여보세요, 저는 어제 당신의 가게에서 흰 셔츠와 녹색 바지를 산 사람입니다. 집에 와서야 셔츠를 크게 샀다는 것을 알았어요. 좀 작은 걸로 바꿀 수 있을까요?
★ 他觉得白衬衫： 　A 太大了 　B 太贵了 　C 颜色不好看	★ 그가 생각하기에 흰 셔츠는： 　A 너무 크다 　B 너무 비싸다 　C 색깔이 안 예쁘다

店 diàn 몡 가게 | 白 bái 혱 희다, 하얗다 | 发现* fāxiàn 통 발견하다, 알아차리다 | 贵 guì 혱 (값이) 비싸다 | 好看 hǎokàn 혱 예쁘다, 보기 좋다

'동사+형용사+(了)'는 결과보어의 형식입니다. 예를 들어 '买贵了(비싸게 샀다)' '买多了(많이 샀다)' '洗干净了(깨끗하게 씻었다)' 등과 같이 씁니다. 따라서 '买大了'를 보고 셔츠가 크다는 것을 알 수 있습니다. 또는 '能不能换小点儿的?(좀 작은 걸로 바꿀 수 있을까요?)'에서도 사이즈에 문제가 있다는 것을 알 수 있습니다.

66 ★★★

小王，其实马知道你是不是害怕自己，如果它知道你害怕，那么就会不愿意让你骑自己，所以别害怕，学骑马不是那么难。

★ 学骑马时：

A 不要害怕

B 一定要小心

C 要认真练习

샤오왕, 사실 말은 네가 자기를 무서워하는지 아닌지를 안단다. 만약에 말이 네가 무서워하는 걸 알면, 네가 자기를 타기를 원하지 않을 거야. 그러니 무서워하지 마. 승마는 그렇게 어렵지 않아.

★ 승마를 배울 때는:

A 무서워하면 안 된다

B 반드시 조심해야 한다

C 열심히 연습을 해야 한다

马* mǎ 몡 말 | 害怕* hàipà 통 겁내다, 무서워하다 | 那么 nàme 접 그러면, 그렇다면 | 愿意* yuànyì 조동 원하다, 바라다 | 骑* qí 통 (동물이나 자전거 등에) 타다 | 难* nán 혱 어렵다, 힘들다

부사 '别'와 '不要'는 모두 '~하지 마라'라는 뜻의 동의어입니다. 따라서 A가 정답입니다.

67 ★★★

汉字一共有6万多个，而且有的汉字不经常用，所以不少人不知道怎么读，只好用手机或电脑上网查它的读音。

★ 人们遇到不会读的字，一般会怎么做？

A 问问老人

B 在网上查

C 要打开字典看看

한자는 모두 6만여 개가 있다. 게다가 어떤 한자는 자주 쓰지 않아서 많은 사람들이 어떻게 읽는지 모른다. 휴대폰이나 컴퓨터로 인터넷에 접속해서 그 독음을 찾을 수밖에 없다.

★ 사람들은 못 읽는 글자를 만나면, 보통 어떻게 하는가?

A 노인에게 묻는다

B 인터넷에서 찾는다

C 자전을 펼쳐 본다

汉字 Hànzì 몡 한자 | 一共* yígòng 믠 모두, 전부 | 万* wàn 준 만(10,000) | 只好 zhǐhǎo 믠 부득이, 할 수 없이 | 或* huò 접 혹은, 또는 | 上网* shàngwǎng 통 인터넷을 하다 | 读音 dúyīn 몡 글자의 발음, 독음 | 字典 zìdiǎn 몡 자전, 옥편

지문에서 모르는 한자는 인터넷에 접속해서 독음을 찾는다(上网查它的读音)고 언급했으므로 B가 정답입니다. C도 상식적으로 가능하지만 지문에서 언급되지 않았기 때문에 정답이 아닙니다.

68 ★★

你看看，这个香蕉两块钱一斤，那个西瓜也是两块钱一斤，苹果贵一点儿，六块钱一斤。

★ 他们最可能在哪儿?
  A 公园
  B 超市
  C 图书馆

보세요. 이 바나나는 한 근에 2위안이고, 저 수박도 한 근에 2위안입니다. 사과는 조금 더 비싼데, 한 근에 6위안이에요.

★ 그들은 어디에 있을 가능성이 가장 높은가?
  A 공원
  B 마트
  C 도서관

西瓜 xīguā 명 수박 | 苹果 píngguǒ 명 사과 | 超市* chāoshì 명 슈퍼마켓, 마트

과일의 가격에 대한 이야기를 하고 있으므로 과일을 구매할 수 있는 B '超市(마트)'가 정답으로 적절합니다.

69 ★★

我不喜欢洗碗洗盘子，很喜欢做饭，虽然做饭比洗碗难，又花很多时间，但看到别人觉得我做的菜好吃，我就感到很满意。

★ 他觉得:
  A 洗碗很难
  B 没时间吃饭
  C 做饭很有意思

나는 설거지하는 것을 싫어하고, 밥하는 것을 좋아한다. 비록 밥하는 것이 설거지하는 것보다 어렵고 시간도 많이 걸리지만, 다른 사람들이 내가 한 음식을 맛있어하는 것을 보면 만족을 느낀다.

★ 그가 생각하기에:
  A 설거지는 어렵다
  B 밥 먹을 시간이 없다
  C 밥하는 것은 재미있다

碗* wǎn 명 공기, 그릇 | 盘子* pánzi 명 쟁반, 접시 | 又* yòu 부 또, 다시, 거듭 | 感到 gǎndào 동 느끼다, 여기다 | 有意思 yǒu yìsi 형 재미있다

'很喜欢做饭(밥하는 것을 좋아하다)'을 보고 정답을 C로 고를 수 있습니다. 또한 역접의 접속사 '但' 뒤에 밥하는 것을 좋아하는 이유가 나옵니다. '주어+比+목적어+형용사'는 '~는 ~보다 ~하다'라는 뜻으로 '做饭比洗碗难'은 '밥하는 것이 설거지 하는 것보다 어렵다'라는 뜻이기 때문에 A는 답이 아닙니다.

70 ★★

过去的几年，姐姐一直很努力学习，现在已经找到很好的工作。她告诉我，要想找到自己满意的工作，除了认真学习，没有其他选择。

지난 몇 년, 언니는 줄곧 열심히 공부했고, 지금은 좋은 직장을 찾았다. 언니는 스스로 만족하는 직장을 구하려면 열심히 공부하는 것 말고는 다른 선택이 없다고 나에게 말했다.

★ 姐姐认为怎样才能找到好工作?

   A 努力学习

   B 了解自己

   C 上网找工作

★ 언니는 어떻게 해야 좋은 직장을 찾을 수 있다고 생각하는가?

   A 열심히 공부한다

   B 자기 자신을 안다

   C 인터넷으로 일자리를 찾는다

过去* guòqù 몡 과거, 이전 ㅣ 姐姐 jiějie 몡 누나, 언니 ㅣ 一直* yìzhí 튀 줄곧, 내내 ㅣ 工作 gōngzuò 몡 일, 직장 ㅣ 选择* xuǎnzé 몡 선택 ㅣ 了解* liǎojiě 통 알다, 이해하다

언니는 열심히 공부해서 좋은 직장을 찾았고(姐姐一直很努力学习，现在已经找到很好的工作), '나'에게도 열심히 공부하는 것 말고는 다른 선택이 없다(除了认真学习，没有其他选择)고 말했으므로 정답은 A입니다.

고득점 Tip | 접속사 除了

접속사 '除了'는 '除了A，还/也B(A를 제외하고도 B하다)'의 형식 외에도, '除了A，没B(A를 제외하면 B는 없다)' 혹은 '除了A，都B(A를 제외하면 모두 B하다)'의 형식으로도 쓸 수 있습니다. 무엇이 포함되고 제외되는지 유의해야 합니다.

我们店除了首尔总店，也有很多分店。 저희 가게는 서울 본점 외에도 또 많은 분점이 있습니다.

除了你，没有人相信我。 당신을 제외하면 나를 믿는 사람이 없다.

除了你们几个人之外，大家都同意。 너희 몇 명만 제외하면 다들 동의한다.

三、书写 쓰기

제1부분 71~75번은 제시어를 나열하여 하나의 문장으로 작성하는 문제입니다.

71 ★★

                    忘了   他   买铅笔

         → 他忘了买铅笔。 그는 연필 사는 것을 잊었다.

铅笔 qiānbǐ 몡 연필

생각이나 감정을 나타내는 심리동사는 구나 절을 목적어로 쓸 수 있습니다. 따라서 '他+忘了+买铅笔'순으로 씁니다.

我爱玩游戏。 나는 게임하는 것을 좋아한다.

他打算去北京留学。 나는 베이징으로 유학을 갈 계획이다.

---

72 ★★★

自己的妈妈　长得　李叔叔　很像

→ 李叔叔长得很像自己的妈妈。 리씨 아저씨는 자기 어머니를 매우 닮게 생겼다.

李 Lǐ 고유 리 [성씨]

정도부사　　동사구

李叔叔 ＋ 长 ＋ 得 ＋ 很 ＋ 像自己的妈妈

주어　　　술어　　　得　　　정도보어

구조조사 '得'가 있는 것으로 보아 정도보어문임을 알 수 있습니다. 정도보어는 '주어+술어+得+정도보어'의 형식으로 쓰며, 정도보어가 술어의 정도를 묘사합니다. 이때 정도보어는 주로 '정도부사+형용사'인 경우가 많지만 '정도부사+동사(구)'도 가능합니다.

---

73 ★★★

一点儿　比他　成绩　我的　差

→ 我的成绩比他差一点儿。 내 성적은 그에 비해 조금 나쁘다.

형용사　　부사

我的成绩 ＋ 比 ＋ 他(的成绩) ＋ 差 ＋ 一点儿

주어　　　比　　　목적어　　　술어　　　차량보어

개사 '比'가 있는 것으로 보아 '比'자문임을 알 수 있습니다. '比'자문은 '주어+比+목적어+형용사/동사+차량보어'의 형식을 씁니다. 이때 차량보어는 주어와 목적어를 비교한 결과 얼마나 차이가 나는지를 나타냅니다. 따라서 '我的+成绩+比他+差+一点儿'순으로 쓰는데, 이때 '他' 뒤의 '成绩'는 앞에서 언급되었기 때문에 생략된 것입니다.

중국어에서 앞서 언급되었거나, 말하지 않아도 모두 이해할 수 있는 말은 생략할 수 있습니다.

他昨天买了两条裤子，这条有点儿大。 그는 어제 바지를 두 벌 샀는데, 이것은 조금 크다. [裤子 생략됨]

我最爱看的电影是这个。 내가 제일 보기 좋아하는 영화는 이것이다. [电影 생략됨]

我的个子比他高。 내 키는 그보다 크다. [个子 생략됨]

> 爷爷　一张　地图　我买来　叫
>
> → 爷爷叫我买来一张地图。 할아버지는 나에게 지도를 한 장 사다 달라고 하셨다.

爷爷* yéye 몡 할아버지 | 叫 jiào 툉 ~하게 하다, ~하도록 시키다

'让' 외에도 '请, 叫' 등을 사역동사로 쓸 수 있습니다. 이때 '주어+술어1(请/叫/让)+겸어+술어2'의 겸어문 형식으로 씁니다. '겸어'란 술어1의 목적어와 술어2의 주어를 겸하는 문장성분입니다. 따라서 '爷爷+叫+我买来'순으로 씁니다. 명사의 수량을 나타낼 때는 '수사+양사+명사'순이므로 '一张+地图'로 써야 합니다.

⁺고득점 Tip | 예문 더 보기

他请我做饭。 그는 나에게 밥을 해 달라고 부탁했다.

奶奶叫他早点儿回来。 할머니는 그에게 좀 일찍 돌아오라고 했다.

> 这儿　多少只熊猫　有　一共
>
> → 这儿一共有多少只熊猫？ 이곳에는 판다가 모두 몇 마리 있나요?

제시어 중에 '这儿(여기, 이곳)'이라는 장소명사와 '有(있다)'가 있으므로 존현문임을 알 수 있습니다. 존현문은 '장소/시간명사+술어+목적어' 형식이므로, '这儿+有+多少只熊猫'순으로 씁니다. 부사 '一共'은 동사를 수식하므로 '有' 앞에 위치해야 합니다.

제2부분 76~80번은 한어병음을 보고 빈칸에 알맞은 한자를 쓰는 문제입니다.

ǎi	
这把椅子太（ 矮 ）了，坐着不太舒服。	이 의자는 너무 낮다. 앉기에 별로 편하지 않다.

把* bǎ 개 [손잡이가 있는 물건을 세는 단위] | 矮* ǎi 혱 (높이가) 낮다

'矮'는 사람의 키가 작거나 물건의 높이가 낮을 때 쓸 수 있습니다.

고득점 Tip | 예문 더 보기

他看起来比较矮，其实有1米78。 그는 비교적 작아 보이지만 사실 178cm이다.

这个楼比那个矮一点儿。 이 건물이 저것보다 조금 낮다.

---

77 ★★

| 感觉这（ 位^{wèi} ）先生很喜欢孩子。 | 이 남자분은 아이를 좋아하는 것 같아요. |

지시대사 '这'와 명사 '先生' 사이에는 양사가 들어가야 하는데, '先生'은 성인 남자에 대한 존칭이므로, 사람을 높여 부르는 '位'를 써야 합니다.

---

78 ★★★

| 我（ 决^{jué} ）定换一个工作，你觉得怎么样？ | 나는 업무를 바꾸기로 결정했어. 너는 어떻게 생각해? |

한자 '决'는 원래 '(얼어서) 막힌 곳을 뚫다'라는 뜻으로 'ʔ(얼음)'이 들어가며, 후에 '(문제를) 끝내다'라는 뜻을 가지게 되었습니다.

고득점 Tip

决定* juédìng 끝내어 정하다 ➡ 결정하다　　决赛 juésài 끝내는 시합 ➡ 결승 시합, 결승전

对决 duìjué 맞서서 끝내다 ➡ 대결하다　　解决* jiějué 풀어서 끝내다 ➡ 해결하다

---

79 ★★★

| 你先去洗个（ 澡^{zǎo} ），然后早点休息吧。 | 당신은 먼저 샤워를 하고, 그다음에 좀 일찍 쉬어요. |
| 洗澡* xǐzǎo 동 샤워하다, 목욕하다 | |

'洗澡'는 이합사로서 동사 '洗'와 목적어 '澡'로 구성되었으므로 동량보어 및 시량보어는 동사와 목적어 사이에 위치합니다.

---

80 ★★

| 你应（ 该^{gāi} ）好好复习了，下周不是有考试吗？ | 너 복습을 잘해야 해. 다음 주에 시험이 있지 않아? |
| 应该* yīnggāi 조동 마땅히 ~해야 한다 ｜ 复习* fùxí 동 복습하다 ｜ 下周 xià zhōu 명 다음 주 | |

조동사 '应该'는 '마땅히 ~해야 한다'라는 뜻입니다. 조동사는 '주어+조동사+술어'의 형식으로 씁니다. '应该'를 구성하는 '应' 혹은 '该'를 단독으로 써도 용법은 같습니다.

왜 정답인지 모두 풀이해 주는
HSK3급 모의고사

지은이 이준복, 성룡
펴낸이 정규도
펴낸곳 (주)다락원

초판 1쇄 발행 2021년 11월 12일

기획·편집 정아영, 이상윤
디자인 구수정, 최영란
사진 Shutterstock
녹음 王乐, 朴龙君, 허강원

다락원 경기도 파주시 문발로 211
전화 (02)736-2031 (내선 250~252 / 내선 430, 442)
팩스 (02)732-2037
출판등록 1977년 9월 16일 제406-2008-000007호

정가 15,000원 (문제집+해설서+MP3 무료 다운로드)
ISBN 978-89-277-2295-3 14720
     978-89-277-2275-5 (set)

www.darakwon.co.kr
다락원 홈페이지를 방문하시면 상세한 출판 정보와 함께 동영상 강좌, MP3 자료 등 다양한 어학 정보를 얻으실 수 있습니다.